들어가며

초등학생 여러분께

　어휘(낱말)는 공부라는 방에 들어가기 위한 비밀번호입니다. 어릴 때 잠재력이 높아 보였는데 클수록 공부를 어려워하는 학생들을 살펴보면 어휘력이 부족한 경우가 많습니다. 왜냐하면, 책을 읽을 때 모르는 어휘가 자주 나오면 읽기 싫어지고, 이런 일이 반복되면 결국 공부와 멀어지기 때문입니다.

　그렇다면 어휘 공부는 어떻게 해야 할까요? 어휘를 공부하는 가장 좋은 방법은 낯선 어휘를 만날 때마다 뜻을 찾아보거나 물어봐서 바로 익히는 것입니다. 그리고 새로 알게 된 어휘들을 기록하면서 어휘 공책을 만드는 것입니다. 어휘 공책이 한 권씩 쌓여갈수록 여러분의 실력도 그만큼 쌓이게 될 것입니다.

　이 책의 목적은 초등학생들이 어휘를 공부하는 재미를 느끼도록 도와주는 것입니다. 이를 위해 어휘를 바로 제시하지 않고 퀴즈 형식으로 답을 맞혀가면서 공부하도록 책을 만들었습니다. 그리고 언어, 사회, 과학, 수학, 역사, 인물, 예체능 등 다양한 영역에서 공부의 기초가 될 수 있는 어휘를 선정하였습니다.

　다음으로 한 어휘에는 여러 가지 뜻이 있지만 이 책에서는 초등학생들이 꼭 알아야 할 가장 중요한 뜻을 최대한 쉽게 풀어서 제시하였습니다. 또한 이 책에서는 특정 과목을 공부할 때 도움이 되는 '교과' 예문과 여러 과목 및 생활에서 두루 쓰이는 '일반' 예문을 함께 제시하였습니다.

끝으로 이 책을 재미있게 읽는 3단계 방법을 소개하겠습니다. 먼저 1단계는 종이를 준비해서 처음부터 끝까지 한 쪽씩 넘기면서 답을 쓰고 마지막에 정답지와 맞춰보는 방법입니다. 여러 번 반복하면 언젠가 300개 모두 정답을 쓰게 될 것입니다. 그러면 2단계로 넘어가십시오. 2단계는 스톱워치를 준비해서 시간을 재면서 처음부터 끝까지 한 쪽씩 넘기면서 정답을 말하는 방법입니다. 여러 번 반복하면 시간이 점점 단축될 것입니다.

마지막 3단계는 가족이나 친구와 퀴즈 대결을 하는 것입니다. 서로 번갈아 가며 아무 쪽이나 펼치고 먼저 정답을 말하면 점수를 따는 방식으로 대결합니다. 아마도 1단계와 2단계를 거쳐 온 여러분을 누구도 이기지 못할 것입니다. 그리고 모두 여러분을 대단하다고 생각할 것입니다.

초등학생 여러분, 모두 즐겁게 어휘 공부를 하면서 큰 꿈을 향해 나아가기를 바랍니다.

영재교육학 박사 전재현·호사라 드림

학부모님께

　국어 어휘력은 초등학생 자녀의 학습 역량을 보여주는 지표입니다. 그런데 정작 초등학교 저학년 때는 학교에서 쉬운 어휘 위주로 공부해서 학부모가 자녀의 어휘력이 부족하다고 생각하지 못하고 지나가는 경우가 많습니다. 그런데 저학년 때 어휘력을 충분히 기르지 못한 학생이 고학년이 되어 갑자기 어려운 어휘를 많이 만나면 힘들어하고 공부와 멀어지기 쉽습니다. 어휘는 일상생활이나 독서를 통해서도 배울 수 있지만, 어려운 어휘의 경우 이러한 방법으로 정확한 뜻과 용법을 배우는 데는 한계가 있습니다. 그래서 수준 높은 어휘력을 갖추고 싶은 학생이라면 흥미롭게 잘 만들어진 교재를 활용해 어려운 어휘의 뜻과 용법을 정확하게 익힐 필요가 있습니다.

　이 책에서 소개된 어휘들은 공부를 잘하고 싶어 하는 초등학교 저학년 학생을 위한 '영재 어휘'입니다. 물론 학부모님 중에는 자녀가 공부 잘하기를 바라지만 '영재 어휘'까지 공부해야 하는지 궁금한 분도 계실 겁니다. 그런데 유년기의 '영재성'이라 함은 일부 학생만이 가진 특성이라기보다 많은 학생이 가진 '잠재력'을 의미합니다. 따라서 아직 무궁무진한 잠재력을 지닌 초등학교 저학년 학생들은 소수가 아닌 다수가 '영재성'을 지니고 있다고 보아야 합니다. 이런 관점에서 이 책에 소개된 '영재 어휘'는 잠재력을 지닌 초등학교 저학년 학생 누구나 공부하면 지금 당장 도움이 되거나 앞으로 도움이 될 '필수 어휘'라고 생각하시면 좋겠습니다. 특히 이 책은 7개 영역에 걸쳐 꼭 필요한 지식 위주의 어휘로 구성되어 있어서, 이제 막 지식을 쌓기 시작한 어린 학생들에게 큰 도움이 될 것입니다.

　끝으로 자녀가 이 책을 재미있게 공부하기 위해서는 학부모님의 도움이 꼭 필요합니다. 초등학교 저학년 학생들의 경우 실패 경험보다는 성공 경험이 많을수록 공부를 좋아하게 됩니다. 따라서 자녀가 주어진 초성 힌트를 보고 정답을 떠올리지 못할 때는 더 자세한 힌트를 주시거나 첫 글자를 알려주셔서 정답을 맞히는 기쁨을 맛보도록 최대한 도와주시길 바랍니다.

그리고 자녀가 정답을 거의 다 알게 되었을 때쯤에는 자녀와 번갈아 한 문제씩 묻고 대답하는 방식, 아무 쪽이나 펼치고 먼저 정답을 말하는 방식 등으로 퀴즈 대결을 하면서 자녀에게 어휘 공부의 즐거움을 일깨워 주시길 바랍니다. 이 책을 통해 어린 자녀가 어휘력에 대한 자신감을 느끼게 되면, 뛰어난 어휘력을 유지하기 위해 더 높은 수준의 어휘도 열심히 공부하게 될 것입니다.

학부모님, 이 책을 디딤돌로 삼아 자녀가 뛰어난 어휘력을 갖추도록 꼭 이끌어 주시길 바랍니다.

영재교육학 박사 전재현·호사라 드림

2006년에 설립된 기관으로, 연구 및 교육 경험이 풍부한 영재교육학 박사들이 아래 활동을 직접 수행하고 있습니다.

❶ 검사: 초등학생과 유치원생의 잠재된 능력 및 실제 수행 능력을 파악합니다.
❷ 프로그램 개발: 초등학생과 유치원생이 흥미를 갖고 자기 주도 학습을 할 수 있도록 논술, 수리, 과학실험, 사회·과학 주제 탐구 등의 프로그램을 개발합니다.
❸ 교육활동: 나이에 따라 높은 성취를 이루기 위해 꼭 필요한 사고력, 지식, 학습기능 등을 논술, 수학, 과학, 사회 영역에 걸쳐 길러줍니다.
❹ 상담: 자녀의 특성에 맞춰 똑똑하고 반듯하게 양육하기 위한 구체적인 방안을 제시합니다.
❺ 부모 강의: 부모님들의 관심이 집중되는 교육 이슈에 관해 정확히 이해하도록 돕습니다.
❻ 출판: 초등학생, 유치원생에게 도움이 될 다양한 영역의 학습서를 만듭니다.

전화 031-717-0431   홈페이지 www.영재사랑.kr   블로그 blog.naver.com/ilovethegifted

구성 및 특징

초성 퀴즈 대결

〈언어, 수학, 사회, 과학, 역사, 인물, 예체능〉 총 7개 영역의 초등 저학년 필수 어휘 300개가 수록되어 있습니다.

어휘 번호 | 영역

어휘 번호: 어휘가 1~300번까지의 순서로 수록되어 있습니다.
영역: 어휘를 언어, 수학, 사회, 과학, 역사, 인물, 예체능 총 7개 영역으로 분류했습니다.

난이도 | 학습 체크

난이도: 어휘의 난이도에 따라 ★★★(상), ★★☆(중), ★☆☆(하)로 분류했습니다.
학습 체크: 해당 어휘를 학습한 뒤 스스로 체크하는 칸입니다.

초성 퀴즈(초성, 뜻풀이, 만화)

- **초성**: 해당 어휘의 초성입니다.
- **뜻풀이**: 어휘의 뜻을 쉽게 풀어 설명해 줍니다.
- **만화**: 정답을 유추할 수 있도록 돕는 만화 힌트입니다.

어휘 활용 예문(교과 예문, 일반 예문)

- **교과 예문**: 교과 공부에 도움이 되는 문장입니다.
- **일반 예문**: 여러 과목 및 일상생활에서 많이 쓰이는 문장입니다.

'초성 퀴즈 대결'의 정답은 375쪽에 수록되어 있어요.

도전! 초등 어휘왕

선 긋기, 빈칸 채우기 등 여러 유형의 문제로 어휘 복습과 학습 수준 점검이 가능합니다.

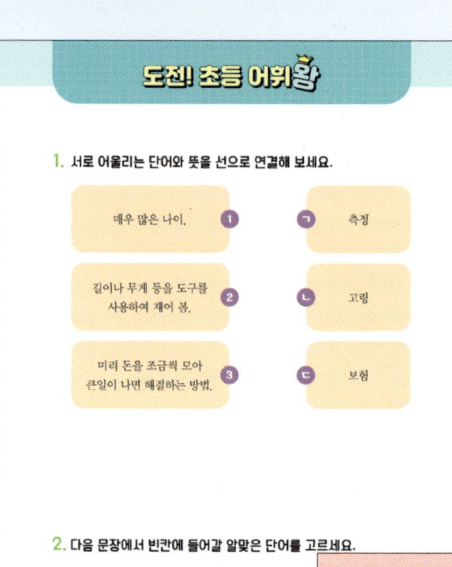

'도전! 초등 어휘왕' 정답은 375쪽에 수록되어 있어요.

그림일기

등장인물의 일기 형식으로 어휘 이해도와 문해력을 높이고, 그림을 색칠하며 잠시 쉬어갈 수 있도록 합니다.

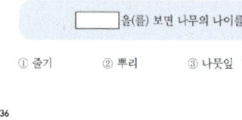

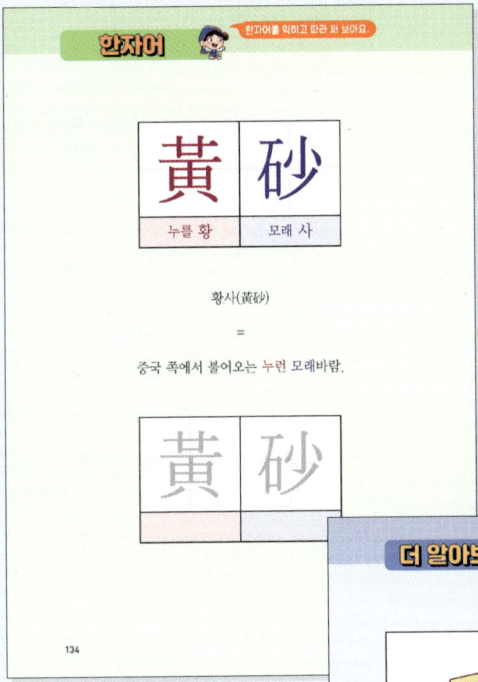

한자어

한자어의 뜻을 쉽게 풀어 설명해 줌으로써 어휘에 대한 이해도를 높여 기억에 오래 남을 수 있도록 합니다.

더 알아보기

역사적 인물, 장소 등과 관련된 어휘에 대해 더 자세히 학습할 수 있도록 합니다.

부록 **답안지**

초성 퀴즈 정답을 적을 수 있는 '답안지'가 수록되어 있습니다.

부록은 절취선을 따라 잘라서 사용하세요.

부록 **성취도 체크**

스스로 학습 수준을 체크할 수 있는 '성취도 체크 표'가 수록되어 있습니다.

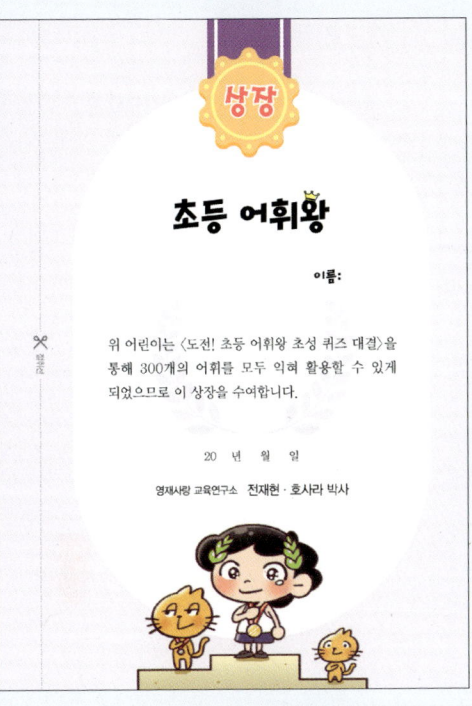

부록 '초등 어휘왕' 상장

초등 저학년 필수 어휘 300개를 모두 익힌 학생들에게 수여하는 '초등 어휘왕' 상장이 수록되어 있습니다.

> 부록은 PDF 파일로도 제공됩니다.
> QR 코드를 찍어 보세요.

부록 PDF 다운로드 방법

❶ 우측 QR코드 스캔
❷ www.sdedu.co.kr ➡ 학습자료실 ➡ 도서업데이트
　➡ 〈도전! 초등 어휘왕 초성 퀴즈 대결〉 검색 후 다운로드

목차

1 라운드　　　p.15
초성 퀴즈 대결 001~020
도전! 초등 어휘왕
그림일기

2 라운드　　　p.39
초성 퀴즈 대결 021~040
도전! 초등 어휘왕
한자어

3 라운드　　　p.63
초성 퀴즈 대결 041~060
도전! 초등 어휘왕
더 알아보기

4 라운드　　　p.87
초성 퀴즈 대결 061~080
도전! 초등 어휘왕
그림일기

5 라운드　　　p.111
초성 퀴즈 대결 081~100
도전! 초등 어휘왕
한자어

6 라운드　　　p.135
초성 퀴즈 대결 101~120
도전! 초등 어휘왕
더 알아보기

7 라운드　　　p.159
초성 퀴즈 대결 121~140
도전! 초등 어휘왕
그림일기

8 라운드　　　p.183
초성 퀴즈 대결 141~160
도전! 초등 어휘왕
한자어

9 라운드　　　p.207
초성 퀴즈 대결 161~180
도전! 초등 어휘왕
더 알아보기

10 라운드　　　p.231
초성 퀴즈 대결 181~200
도전! 초등 어휘왕
그림일기

11 라운드　　　p.255
초성 퀴즈 대결 201~220
도전! 초등 어휘왕
한자어

12 라운드　　　p.279
초성 퀴즈 대결 221~240
도전! 초등 어휘왕
더 알아보기

13 라운드　　　p.303
초성 퀴즈 대결 241~260
도전! 초등 어휘왕
그림일기

14 라운드　　　p.327
초성 퀴즈 대결 261~280
도전! 초등 어휘왕
한자어

15 라운드　　　p.351
초성 퀴즈 대결 281~300
도전! 초등 어휘왕
더 알아보기

정답　　　p.375
부록　　　p.391
1~15라운드 답안지
성취도 체크
'초등 어휘왕' 상장

등장인물

영지

뭐든 직접 경험해 봐야 직성이 풀리는 말괄량이 누나. 요즘에는 딸기 맛 아이스크림에 푹 빠져있다.

재민

하루라도 장난을 치지 않으면 몸이 찌뿌둥한 사고뭉치 남동생. 요즘은 콜라에 이것저것 넣어보는 실험을 진행 중이다.

냥이

남매의 귀여운 반려 고양이. 남매보다 자신이 훨씬 더 똑똑하다고 믿고 있다.

001 과학

난이도 ★☆☆ | 학습 체크 ☑1회 2회 3회

| ㅎ | ㅅ |

태양에서 네 번째로 가까운 행성.

행성이 꼭 불타는 것처럼 빨갛네!

[교과] | ㅎ | ㅅ |은 하루의 길이가 지구와 비슷하다.

[교과] | ㅎ | ㅅ |에는 강물이 흘렀던 흔적이 있다.

[일반] 탐사선이 | ㅎ | ㅅ | 표면 사진을 지구로 보내왔다.

사회

난이도 ★☆☆ | 학습 체크

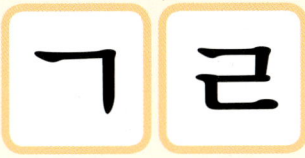

어떤 것을 누릴 수 있는 자격.

📖 학생들은 교육받을 ㄱ ㄹ 가 있다.

📖 차별받지 않을 ㄱ ㄹ 를 '평등권'이라고 한다.

📘 그는 ㄱ ㄹ 를 당당하게 주장했다.

003 사회

난이도 ★☆☆ | 학습 체크 ✓1 2회 3회

ㄱ ㅂ

바닷물에 잠겼다가 보였다가 하는 넓은 땅.

[교과] ㄱ ㅂ 에는 다양한 생물이 산다.

[교과] ㄱ ㅂ 을 메워 사람이 살 만한 땅으로 만든다.

[일반] 우리는 ㄱ ㅂ 에 가서 조개를 잡았다.

길이나 무게 등을 도구를 사용하여 재어 봄.

- 자를 사용해서 길이를 ㅊ ㅈ 해 보자.
- 저울을 사용해서 무게를 ㅊ ㅈ 해 보자.
- 안경을 맞출 때는 시력을 ㅊ ㅈ 해야 한다.

난이도
학습 체크

ㄱ ㅇ

어떤 물질에 열을 줌.

교과 물을 ㄱ ㅇ 하면 100도에서 끓는다.

교과 고체를 ㄱ ㅇ 하면 액체가 된다.

일반 우유를 ㄱ ㅇ 하면 세균이 죽는다.

ㅅ ㅈ

생각을 볼 수 있는 물건으로 나타낸 것.

- 비둘기는 평화의 ㅅ ㅈ 이다.
- 태극기는 대한민국을 ㅅ ㅈ 한다.
- 행복을 ㅅ ㅈ 하는 것을 그려 보자.

007 언어

난이도 ★★☆ | 학습 체크 ✓1회 2회 3회

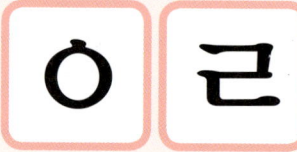

도서관에서 책이나 자료를 훑어 봄.

일반 참고 자료를 인터넷으로 ㅇㄹ 했다.

일반 귀중한 책들은 ㅇㄹ 이 제한된다.

일반 어린이 ㅇㄹ실 에는 동화책이 많다.

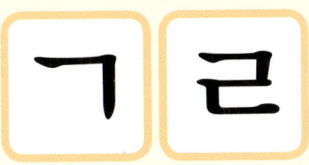

매우 많은 나이.

교과 우리나라는 점점 ㄱ ㄹ 화 되고 있다.

교과 시골은 ㄱ ㄹ 인구가 늘고 있다.

일반 할아버지는 95세로 ㄱ ㄹ 이시다.

    난이도 | 학습 체크
★★☆   ✓ 2회 3회

ㄱ ㅅ

태양에서 두 번째로 가까운 행성.

📖 ㄱ ㅅ 은 지구와 크기가 비슷하다.

📖 ㄱ ㅅ 은 표면의 온도가 매우 높다.

📘 새벽에 보이는 ㄱ ㅅ 을 '샛별'이라고 한다.

남북으로 영토를 크게 넓힌 고구려의 위대한 왕.

> 내가 바로 그 대단한 고구려의 왕이다!

- 교과 ㄱ ㄱ ㅌ ㄷ ㅇ 은 한강까지 땅을 넓혔다.
- 교과 ㄱ ㄱ ㅌ ㄷ ㅇ 의 업적을 새긴 비석이 있다.
- 일반 해군 군함 중에는 ㄱ ㄱ ㅌ ㄷ ㅇ 함 이 있다.

ㅅ ㅁ

확인했다는 뜻으로 자기 이름을 씀.

- 신용카드로 물건을 살 때 ㅅ ㅁ 한다.
- 계약서는 꼼꼼히 읽은 다음 ㅅ ㅁ 해야 한다.
- 오염 방지 ㅅ ㅁ 운동에 많은 시민이 참여했다.

 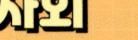  

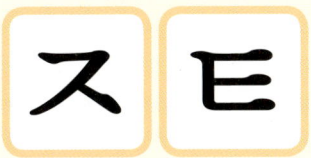

오래전부터 전해 내려온 습관이나 행동.

교과 설날에 세배하는 것은 우리 민족의 ㅈ ㅌ 이다.

교과 윷놀이와 제기차기는 우리나라의 ㅈ ㅌ 놀이이다.

일반 피자와 파스타는 이탈리아의 ㅈ ㅌ 음식이다.

013 과학

난이도 ★★☆ | 학습 체크 ✓2회 3회

나무의 줄기를 자르면 보이는 둥근 줄.

이 줄을 세어 보면 나무가 몇 살인지 알 수 있어!

교과 ㄴ ㅇ ㅌ 는 일 년에 하나씩 생긴다.

교과 ㄴ ㅇ ㅌ 를 보면 나무의 나이를 알 수 있다.

일반 나무 탁자의 ㄴ ㅇ ㅌ 가 멋지다.

언어

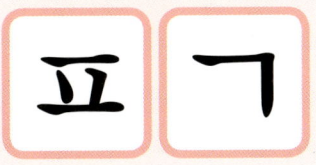

공평하지 못하고 한쪽으로 치우친 생각.

일반 우리는 외국인에게 [편 견] 을 갖기도 한다.

일반 [편 견] 을 버리면 더 많은 사람을 이해할 수 있다.

일반 장애인은 이웃의 [편 견] 때문에 힘들 때가 많다.

015 사회

난이도 ★★☆ | 학습 체크 ✓ 2회 3회

ㅂ ㅎ

미리 돈을 조금씩 모아
큰일이 나면 해결하는 방법.

교과 ㅂ ㅎ 은 갑자기 닥친 사고에 대비하는 것이다.

교과 건강 ㅂ ㅎ 은 누구나 가입해야 한다.

일반 차 사고가 나자, 아버지는 ㅂ ㅎ 회사에 전화하셨다.

오래된 건물처럼 옛날 사람들이 남긴 흔적.

📖 경주에는 신라 사람들이 남긴 ㅇ ㅈ 이 많다.

📖 경복궁은 조선 시대의 대표적인 ㅇ ㅈ 이다.

📖 ㅇ ㅈ 을 보면 옛날의 생활 모습을 알 수 있다.

 언어

난이도 ★★★ | 학습 체크

ㅅ ㅎ

여럿 가운데 골라서 좋아함.

- 일반 우리 가족은 유기농 식품을 ㅅ ㅎ 한다.

- 일반 학생들은 예쁜 학용품을 ㅅ ㅎ 한다.

- 일반 내가 ㅅ ㅎ 하는 색은 노랑이다.

사회

난이도 ★★★ 학습 체크

어떤 것에 노력을 더하여
새로운 것을 만드는 일.

📖 공장에서는 원료를 ㄱ ㄱ 해 상품을 만든다.

📖 ㄱ ㄱ 무역에서는 원료를 수입해 물건을 만든다.

📖 마트에는 닭고기로 만든 ㄱ ㄱ 식 품 이 많다.

019 과학

난이도 ★★★
학습 체크 ✓ 2회 3회

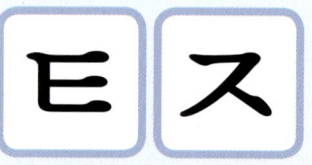

바람이나 물로 운반된 흙이나 모래가 쌓이는 것.

📖 흙이 오래 ㅌㅈ 되면 굳어져 돌이 되기도 한다.

📖 강바닥에는 많은 모래와 흙이 ㅌㅈ 되어 있다.

📖 달에는 바람이 없어 ㅌㅈ 작용이 일어나지 않는다.

 020 사회

ㄱ ㅅ

범인을 조사해서 재판받게 하는 사람.

교과 ㄱ ㅅ 가 도둑을 재판에 넘겼다.

교과 ㄱ ㅅ 가 판사에게 죄인을 가두도록 요청했다.

일반 삼촌은 로스쿨을 졸업하고 ㄱ ㅅ 가 되었다.

도전! 초등 어휘왕

1. 서로 어울리는 단어와 뜻을 선으로 연결해 보세요.

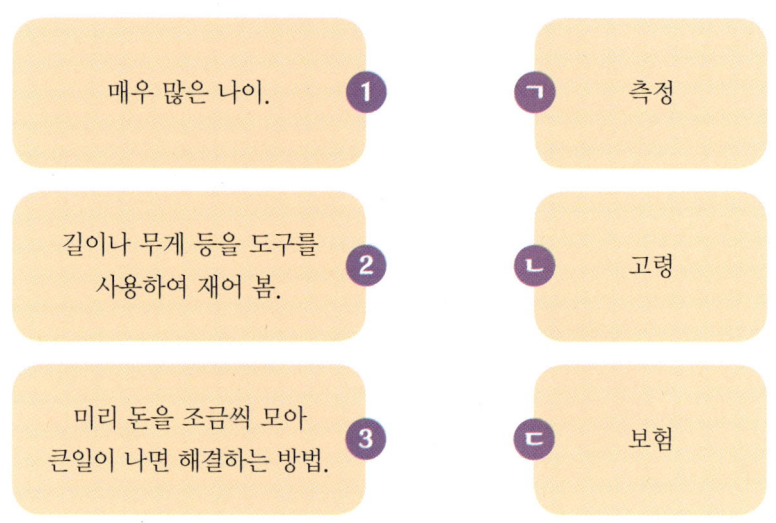

2. 다음 문장에서 빈칸에 들어갈 알맞은 단어를 고르세요.

☐ 을(를) 보면 나무의 나이를 알 수 있다.

① 줄기　　② 뿌리　　③ 나뭇잎　　④ 나이테

3. 다음 그림이 설명하는 단어를 아래 글자 중 두 개를 골라 완성해 보세요.

면 세 명 서 선

정답:

4. 다음 문장에서 맞춤법이 틀린 부분을 찾아 바르게 고치세요.

갯벌을 메워 사람이 살 만한 땅으로 만든다.

그림일기

그림을 색칠해 재민이의 일기를 완성해 보아요.

20___년___월___일

아무리 생각해도 이제는 내가 누나보다 키가 큰 것 같은데, 냥이 말로는 아직도 내가 훨씬 작단다. 내가 동생이니까 당연히 키가 더 작을 거라는 편견 때문에 잘못 본 게 아닐까? 아니면 냥이가 키를 잘못 측정했거나.

에잇, 오늘도 우유 마시고 자야겠다!

언어

난이도 ★☆☆

| ㅅ | ㅁ | ㄹ |

문제를 푸는 데 도움이 되는 힌트.

드디어 사건을 해결할 단서를 찾았군!

일반 경찰이 사건의 | ㅅ | ㅁ | ㄹ | 를 찾았다.

일반 사건이 해결될 | ㅅ | ㅁ | ㄹ | 가 보이지 않는다.

일반 대화로 문제의 | ㅅ | ㅁ | ㄹ | 를 풀어 봅시다.

022 역사

난이도 ★☆☆ | 학습 체크 ✓ 2회 3회

ㄴ ㅇ

주인이 시키는 대로 하는
자유를 빼앗긴 사람.

동작이 느리다.
빨리빨리 옮기라고!

📖 미국의 링컨 대통령은 ㄴㅇ 를 해방했다.

📖 ㄴㅇ 상인은 아프리카에서 흑인들을 잡아갔다.

📖 전쟁에서 포로가 된 사람들은 ㄴㅇ 로 팔렸다.

 023

난이도 ★☆☆ | 학습 체크 ✓1회 2회 3회

돈이나 물건을 빌려주거나 빌림.

누나, 게임기 빌려주라~

한 번 빌릴 때마다 천 원이야!

📖 은행에서 부족한 돈을 ㄷㅊ 받을 수 있다.

📖 돈을 ㄷㅊ 하면 이자를 내야 한다.

📖 도서관에서 ㄷㅊ 기간을 연장했다.

 024 인물

난이도 ★☆☆ | 학습 체크 ✓1회 2회 3회

한글을 만든 조선의 네 번째 왕.

교과 ㅅㅈㄷㅇ 은 입 모양을 본떠 한글을 만들었다.

교과 ㅅㅈㄷㅇ 은 장영실에게 해시계를 만들게 했다.

교과 ㅅㅈㄷㅇ 은 두만강까지 우리나라 땅을 넓혔다.

025 과학

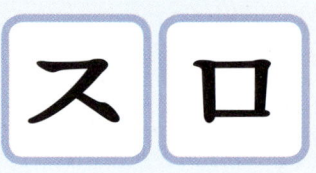

여러 날 동안 계속해서 비가 많이 옴.

📖 교과 ㅈㅁ 는 찬 공기와 더운 공기가 만나면 생긴다.

📖 교과 여름에 ㅈㅁ 가 끝나면 무더위가 시작된다.

📖 일반 ㅈㅁ 때는 강물이 넘쳐 피해를 입기 쉽다.

026 사회

난이도 ★☆☆ | 학습 체크 ✓1회 2회 3회

판 매

돈을 받고 물건을 파는 일.

[교과] 가게들은 판 매 경쟁을 한다.

[교과] ' 판 매 '의 반대말은 '구매'이다.

[일반] 어머니는 과일을 판 매 하신다.

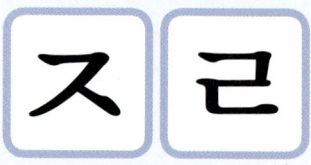

지구가 지구 위에 있는 물체를 당기는 힘.

📖 물건이 아래로 떨어지는 것은 ㅈ ㄹ 때문이다.

📖 물체에 작용하는 ㅈ ㄹ 의 크기를 '무게'라고 한다.

📖 국제우주정거장 안은 무 ㅈ ㄹ 상태이다.

   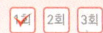

ㅈ ㄹ

옛날부터 전해져 옴.
또는 외국에서 전해져 옴.

- '효녀 심청'은 ㅈ ㄹ 동화이다.
- 고추는 외국에서 ㅈ ㄹ 한 채소이다.
- '두껍아 두껍아'는 ㅈ ㄹ 동요이다.

029 예체능

난이도 ★★☆ | 학습 체크

ㅈ ㄱ

음악에서 음을 만드는 일.

- 📕 ㅈ ㄱ 가 는 음의 높낮이와 음의 길이를 만든다.
- 📕 악보에는 제목 옆에 ㅈ ㄱ 가 의 이름이 있다.
- 📘 베토벤과 모차르트는 유명한 교향곡을 ㅈ ㄱ 했다.

030 언어

난이도 ★★☆

ㅈ ㅅ

병에 걸렸을 때 보이는 여러 가지 상태.

일반 기침이나 콧물은 감기의 흔한 ㅈ ㅅ 이다.

일반 약을 먹었더니 머리가 아픈 ㅈ ㅅ 이 사라졌다.

일반 아토피 ㅈ ㅅ 은 날씨의 영향을 많이 받는다.

수학

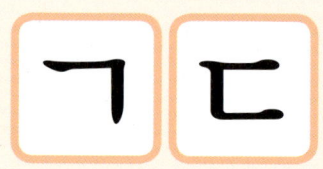

두 곧은 선이 벌어진 정도.

- 📖 ㄱㄷ 가 90도이면 직각이다.
- 📖 ㄱㄷ기 로 각의 크기를 재 보자.
- 💬 카메라 ㄱㄷ 를 바꿔서 찍자.

 **032** 사회

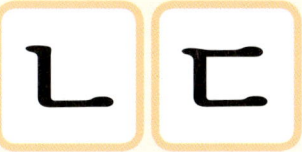

힘을 써서 일을 함.

📖 그는 한 달 ㄴ ㄷ 의 대가로 월급을 받았다.

📖 국가는 ㄴ ㄷ 자 를 법으로 보호한다.

📖 그는 공사장에서 ㄴ ㄷ 하며 살아간다.

 033 사회

| ㅇ | ㅇ | ㅅ | ㅅ |

사막 가운데에서 물이 솟아나는 곳.

📖 | ㅇ ㅇ ㅅ ㅅ | 의 물은 땅속에 있던 지하수이다.

📖 | ㅇ ㅇ ㅅ ㅅ | 덕분에 사막에서 동물이 살 수 있다.

📖 사막에서는 | ㅇ ㅇ ㅅ ㅅ | 주변에 마을이 발달한다.

034 과학

ㅁ ㅈ

물체의 바탕을 이루는 것.

물은 고체, 액체, 기체의 상태로 존재하지!

- [교과] ㅁ ㅈ 의 상태에는 고체, 액체, 기체 등이 있다.
- [교과] 연필을 이루는 ㅁ ㅈ 은 흑연과 나무이다.
- [일반] 담배 연기에는 해로운 ㅁ ㅈ 이 많다.

 # 035 과학

난이도 ★★☆ | 학습 체크

동물이나 식물의 수가 늘어남.

📖 동물은 새끼를 낳아 ㅂ ㅅ 한다.

📖 식물은 씨를 퍼뜨려 ㅂ ㅅ 한다.

📖 햇볕은 세균의 ㅂ ㅅ 을 막는다.

 **036** 언어

난이도 ★★★ | 학습 체크

동식물이 주인공인 이야기.

일반 '개미와 베짱이'는 이솝 ㅇ ㅎ 이다.

일반 ㅇ ㅎ 는 사람에게 가르침을 준다.

일반 ㅇ ㅎ 에는 토끼나 여우가 자주 나온다.

 # 037 사회

난이도 ★★★ | 학습 체크 ☑ 2회 3회

ㄱ ㅍ

다른 나라에 사는 우리 민족.

사는 곳은 달라도 우리는 한 민족!

🔖 **교과** 러시아에 사는 ㄱ ㅍ 를 '고려인'이라고도 한다.

🔖 **교과** 일본에 사는 우리 민족을 '재일 ㄱ ㅍ '라고 한다.

🔖 **일반** 미국 뉴욕에는 ㄱ ㅍ 들이 많이 산다.

 **038** 과학

난이도 ★★★ | 학습 체크 ✓ 2회 3회

ㅅ ㅎ

쉬지 않고 되풀이하여 돎.

🔖 **교과** 몸속의 피는 혈관을 따라 ㅅ ㅎ 하고 있다.

🔖 **교과** 물은 땅, 바다, 하늘 사이를 ㅅ ㅎ 하고 있다.

🔖 **일반** 이 방은 공기 ㅅ ㅎ 이 잘 되어서 항상 상쾌하다.

 **039** 사회 난이도 ★★★ 학습 체크

ㅅ ㅇ

물건을 사거나 팔면서 이익을 얻는 일.

[교과] ㅅ ㅇ 이 직업인 사람을 '상인'이라고 한다.

[교과] 서울은 시장이 많아서 ㅅ ㅇ 이 발달한 도시이다.

[일반] 우리 동네는 주택보다 ㅅ ㅇ 시설이 많다.

040 사회

| ㅂ | ㅇ |

일을 여러 부분으로 나누어서 하는 것.

교과 | ㅂ | ㅇ | 하면 물건을 빨리, 많이 만들 수 있다.

교과 냉장고도 공장에서 | ㅂ | ㅇ | 으로 만든다.

일반 나는 빗자루질로, 형은 걸레질로 | ㅂ | ㅇ | 했다.

도전! 초등 어휘왕

1. 서로 어울리는 단어와 뜻을 선으로 연결해 보세요.

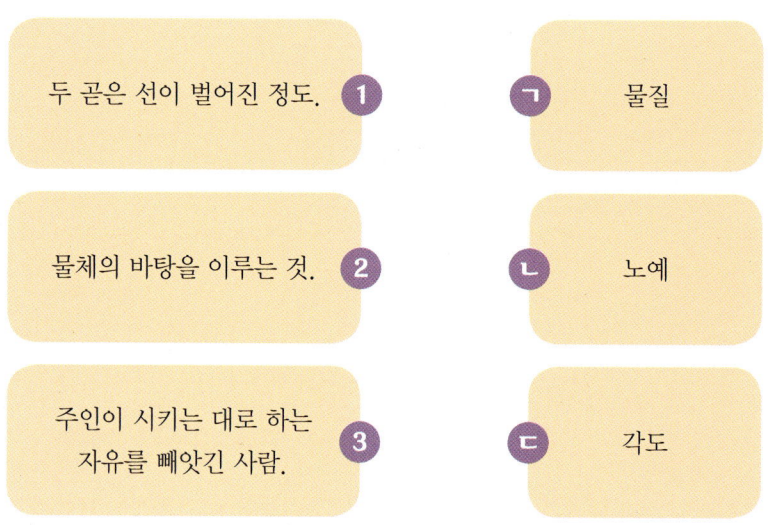

2. 다음 문장에서 빈칸에 들어갈 알맞은 단어를 고르세요.

물건이 아래로 떨어지는 것은 ☐ 때문이다.

① 부력　　② 중력　　③ 가속도　　④ 원심력

3. 다음 그림이 설명하는 단어를 아래 글자 중 두 개를 골라 완성해 보세요.

| 래 | 순 | 전 | 한 | 환 |

정답 :

4. 다음 문장에서 맞춤법이 틀린 부분을 찾아 바르게 고치세요.

대화로 문제의 실말이를 풀어 봅시다.

➔ -

한자어 한자어를 익히고 따라 써 보아요.

노동(勞動)

=

몸을 움직여 일하다.

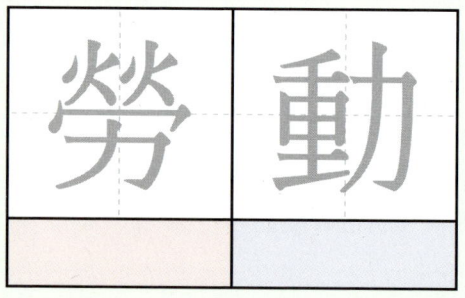

041 언어

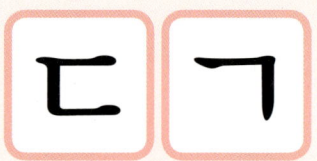

망치처럼, 일을 할 때 쓰는 것.

- 일반 드라이버는 나사못을 박는 ㄷㄱ이다.
- 일반 스포이트는 과학 실험 ㄷㄱ이다.
- 일반 말은 생각을 표현하는 ㄷㄱ이다.

끊어지지 않고 구부러진 선.

원은 직선이 없는 도형이야.

교과 원은 ㄱㅅ 으로만 이루어진 도형이다.

교과 ㄱㅅ 으로만 이루어진 도형은 꼭짓점이 없다.

일반 한복의 소매는 직선이 아니라 ㄱㅅ 이다.

ㅊ ㅅ

농사지은 곡식과 과일을 먹으며 감사하는 명절.

더도 말고 덜도 말고 한가위만 같아라!

📖 교과 ㅊ ㅅ 은 음력으로 8월 15일이다.

📖 교과 ㅊ ㅅ 의 다른 이름은 한가위이다.

📘 일반 ㅊ ㅅ 에 할아버지 산소를 찾아가 성묘했다.

ㅇ ㅅ

수증기가 찬 물체에 닿아서 생기는 물방울.

교과 ㅇ ㅅ 은 봄이나 가을 아침에 많이 볼 수 있다.

교과 겨울에는 ㅇ ㅅ 이 얼어붙어서 서리가 된다.

일반 정원의 나뭇잎에 아침 ㅇ ㅅ 이 맺혔다.

조선 시대의 뛰어난 예술가이자 훌륭한 어머니.

교과 ㅅ ㅅ ㅇ ㄷ 은 풀, 벌레, 포도 그림을 잘 그렸다.

교과 ㅅ ㅅ ㅇ ㄷ 의 아들 이이는 위대한 학자이다.

일반 오만 원 지폐에 그려진 얼굴이 ㅅ ㅅ ㅇ ㄷ 이다.

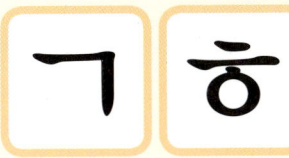

직접 가서 눈으로 보고 배움.

- 교과 ㄱ ㅎ 을 가기 전에 이동 방법을 계획해야 한다.
- 교과 ㄱ ㅎ 을 다녀온 뒤 배운 점은 기록해 둔다.
- 일반 우리 반은 방송국에 ㄱ ㅎ 을 갔다.

난이도 ★☆☆ 학습 체크

047 과학

| ㅇ | ㅊ |

물과 같이, 넣는 그릇에 따라 모양이 변하는 물질.

나는 변신대장이야!

📖 교과 얼음에 열을 주면 | ㅇ | ㅊ | 상태인 물이 된다.

📖 교과 | ㅇ | ㅊ | 상태인 물을 끓이면 수증기가 된다.

📖 일반 나는 몸을 씻을 때 | ㅇ | ㅊ | 비누를 사용한다.

 048 언어

난이도 ★★☆ | 학습 체크

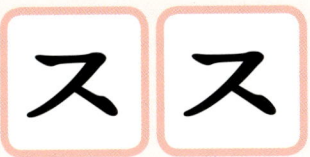

손으로 만져서 읽는 시각 장애인용 글자.

일반 시각 장애인은 ㅈㅈ 로 된 책을 읽는다.

일반 길에서 시각 장애인용 ㅈㅈ 블록을 볼 수 있다.

일반 엘리베이터 버튼에는 ㅈㅈ 가 표시되어 있다.

불안하거나 궁금하여 마음이 조마조마함.

- 일반 | 대회 지원자가 ㅊ ㅈ 하게 순서를 기다리고 있다.
- 일반 | 성적이 발표되기 전에 나는 무척 ㅊ ㅈ 했다.
- 일반 | 너무 ㅊ ㅈ 해서 입안이 바싹바싹 말랐다.

050 역사

난이도 ★★☆ | 학습 체크

ㅁ ㄹ ㅈ ㅅ

중국 북쪽에 있는 크고 긴 성.

📖 중국 진나라 때 ㅁ ㄹ ㅈ ㅅ 이 만들어졌다.

📖 ㅁ ㄹ ㅈ ㅅ 은 길이가 만 리보다 길다.

📖 ㅁ ㄹ ㅈ ㅅ 은 달에서도 보인다고 한다.

 # 051 언어

난이도 ★★☆ | 학습 체크 ✓1회 2회 3회

ㅅ ㅁ

태어나서 죽을 때까지 살아 있는 기간.

📖 일반 사람의 평균 ㅅㅁ 은 길어지고 있다.

📖 일반 거북의 ㅅㅁ 은 백 년 정도이다.

📖 일반 이 회사의 냉장고는 튼튼해서 ㅅㅁ 이 길다.

 **052** 인물 난이도 ★★☆ 학습 체크

ㄴ ㅂ

다이너마이트를 발명한 스웨덴의 발명가.

- 교과 ㄴ ㅂ 이 만든 폭약은 안전하고 운반하기 쉬웠다.
- 교과 ㄴ ㅂ 상 은 큰 업적을 이룬 사람에게 주어진다.
- 일반 내 꿈은 과학자가 되어 ㄴ ㅂ 상 을 받는 것이다.

 053 사회

ㅁ ㄱ

여러 가지 물건값의 평균.

- 교과 | 팔 물건이 부족하면 ㅁ ㄱ 가 오른다.
- 교과 | ㅁ ㄱ 가 오르면 생활이 힘들어진다.
- 일반 | 정부는 ㅁ ㄱ 를 안정시키려고 한다.

 054

난이도 ★★☆ | 학습 체크 ✔1회 2회 3회

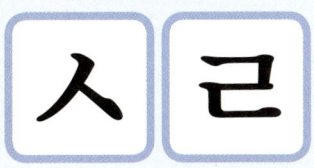

어떤 것이 일정한 시간 동안 움직인 거리.

[교과] 시속 5km는 한 시간에 5km를 가는 ㅅ ㄹ 이다.

[교과] 물체를 더 세게 밀면 ㅅ ㄹ 이 더 빨라진다.

[일반] 자동차가 서서히 ㅅ ㄹ 을 내기 시작한다.

  055 사회

난이도 ★★☆ | 학습 체크 ☑ 2회 3회

ㅅ ㅅ ㅌ

비나 지진으로 산에 있는 돌이나 흙이 무너지는 일.

📖 교과 비가 많이 내리면 ㅅ ㅅ ㅌ 가 발생하기 쉽다.

📖 교과 나무를 많이 심으면 ㅅ ㅅ ㅌ 를 예방할 수 있다.

일반 ㅅ ㅅ ㅌ 가 나서 바위들이 마을로 굴러떨어졌다.

056 언어

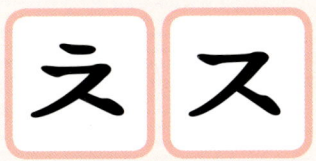

어떤 사람이 놓여 있는 형편.

일반 태풍에 집이 무너진 사람들의 ㅊㅈ 가 딱하다.

일반 큰 병에 걸린 그는 어려운 ㅊㅈ 에 놓였다.

일반 나는 지금 찬밥 더운밥 가릴 ㅊㅈ 가 아니다.

057 사회

어떤 것을 살 사람과 팔 사람이 직접 거래함.

- 교과 | ㅈ ㄱ ㄹ 하면 가게를 거치지 않아 값이 싸다.
- 교과 | 인터넷이 발달하면서 ㅈ ㄱ ㄹ 가 늘어나고 있다.
- 일반 | 인터넷 중고 사이트에서 신발을 ㅈ ㄱ ㄹ 하였다.

ㅅ ㄹ

흘러가는 물의 힘.

교과 ㅅ ㄹ 발전은 물의 힘으로 전기를 만드는 것이다.

교과 ㅅ ㄹ 에너지는 공해가 거의 없어 깨끗하다.

일반 길고 넓은 한강은 ㅅ ㄹ 자원이 풍부하다.

059 사회

달이 지구를 한 바퀴 도는 시간을 한 달로 정한 달력.

- 📖 추석은 ㅇㄹ 8월 15일이며 송편을 먹는 날이다.

- 📖 ㅇㄹ 1월 1일은 설날로 웃어른께 세배한다.

- 📖 달력에는 작은 글씨로 ㅇㄹ 날짜가 쓰여 있다.

060 사회

난이도 ★★★　학습 체크 ✓1회 2회 3회

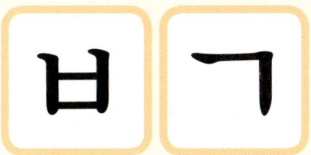

가난하여 살기 어려움.

📖 전쟁은 국민을 ㅂㄱ 하게 한다.

📖 여러 나라가 힘을 합쳐 ㅂㄱ 국가를 돕고 있다.

📘 그 단체는 ㅂㄱ 노인을 돕는 일을 한다.

도전! 초등 어휘왕

1. 서로 어울리는 단어와 뜻을 선으로 연결해 보세요.

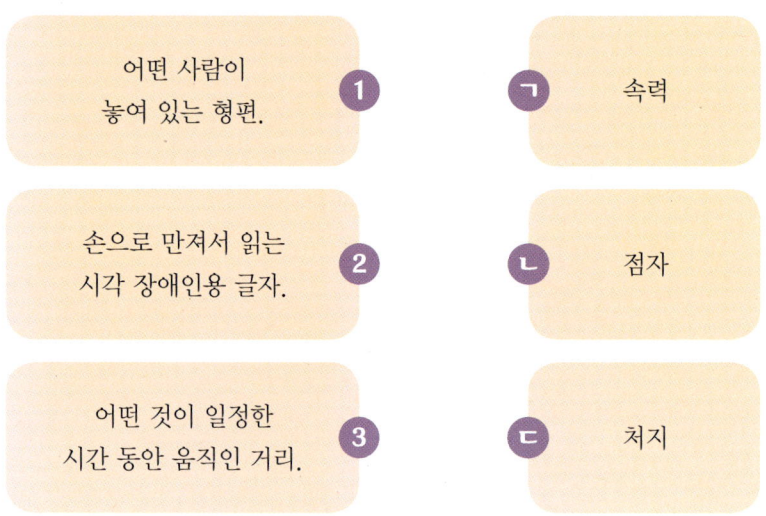

2. 다음 문장에서 빈칸에 들어갈 알맞은 단어를 고르세요.

현대 의학이 인간의 ☐ 을(를) 연장시켰다.

① 질병　　② 죽음　　③ 수명　　④ 지배

3. 다음 그림이 설명하는 단어를 아래 글자 중 두 개를 골라 완성해 보세요.

채 최 액 엑 체

정답 :

4. 다음 문장에서 맞춤법이 틀린 부분을 찾아 바르게 고치세요.

오랜만에 가는 견악이라 설레는 마음을 감출 수가 없다.

더 알아보기

신사임당에 대해 자세히 알아보아요.

신사임당(1504~1551)은 조선 시대의 화가이자 율곡 이이의 어머니로서 시, 그림, 글씨에 모두 재능을 가지고 있었다고 해요. 주로 풀, 벌레, 포도 등을 주제로 하여 생동감 넘치는 그림을 그렸답니다. 신사임당이 풀벌레 그림을 그린 뒤 볕에 말리려 마당에 두자, 닭이 와서 진짜 벌레인 줄 알고 쪼아먹으려 했다는 일화는 신사임당의 뛰어난 그림 실력과 관련된 재미있는 이야기지요.

 061 언어

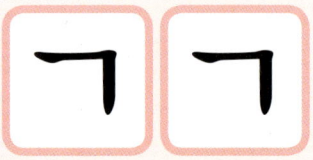

공간, 시간 등이 벌어진 사이.

일반 옆 사람과의 ㄱ ㄱ 을 넓히세요.

일반 기차는 두 시간 ㄱ ㄱ 으로 지나간다.

일반 내 꿈과 현실 사이에는 큰 ㄱ ㄱ 이 있다.

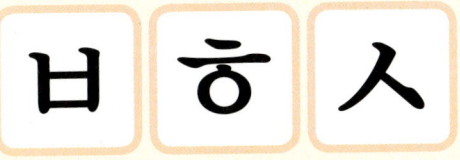

재판받을 때 대신 말해 주는 사람.

- 📖 재판에서 ㅂㅎㅅ 는 검사와 맞선다.

- 📖 재판을 치를 때 ㅂㅎㅅ 의 도움을 받는다.

- 📖 고모는 법을 공부해서 ㅂㅎㅅ 가 되었다.

063 과학

난이도 ★☆☆ | 학습 체크

돌과 같이 모양이 정해져 있는 단단한 물질.

[교과] ㄱ ㅊ 는 손으로 잡을 수 있고 눈에 보인다.

[일반] 밀가루 반죽이 굳어 딱딱한 ㄱ ㅊ 가 되었다.

[일반] 세탁기에 ㄱ ㅊ 세제를 넣었다.

풀이 나 있는 넓은 들판.

교과 아프리카의 넓은 ㅊ ㅇ 을 '사바나'라고 한다.

교과 기린과 얼룩말은 ㅊ ㅇ 에 산다.

일반 푸르른 ㅊ ㅇ 을 보니 기분이 좋다.

065 과학

난이도 ★☆☆

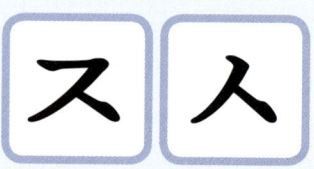

철을 끌어당기는 성질을 가진 물체.

- 교과 ㅈ ㅅ 의 한쪽 끝은 N극, 다른 끝은 S극이다.
- 교과 ㅈ ㅅ 은 같은 극끼리 밀고 다른 극끼리 당긴다.
- 일반 카펫에 떨어진 작은 바늘을 ㅈ ㅅ 으로 찾았다.

ㄱ ㅅ

매우 빠른 속도.

- 일반 자동차들은 ㄱ ㅅ 도로에서 빠르게 달린다.

- 일반 우리 가족은 ㄱ ㅅ 버스를 타고 삼촌 댁에 갔다.

- 일반 ㄱ ㅅ 열차는 시속 300㎞ 이상으로 달린다.

067 역사

난이도 ★★☆ 학습 체크 ✓1회 2회 3회

삼국 시대에 있던 나라로, 수도는 지금의 경주.

- 교과 ㅅㄹ 가 삼국을 통일하였다.
- 교과 첨성대는 ㅅㄹ 시대의 천문대이다.
- 일반 경주박물관에는 ㅅㄹ 시대 유물이 많다.

 # 068 언어

난이도 ★★☆ | 학습 체크 ☑1회 2회 3회

어떤 일에 알맞은 성격이나 적응하는 능력.

역시 나에겐 낚시가 딱이야!

일반 나는 취미 활동을 하다가 새로운 ㅈ ㅅ 을 찾았다.

일반 ㅈ ㅅ 에 맞는 직업을 선택해야 잘할 수 있다.

일반 ㅈ ㅅ 검사는 각자의 소질을 알아보는 검사이다.

069 과학

난이도 ★★☆ 학습 체크

ㅅ ㅌ ㄱ

어느 지역 안에 있는 생물과 환경을 이르는 말.

교과 ㅅ ㅌ ㄱ 에는 동물, 식물, 미생물이 함께 산다.

교과 ㅅ ㅌ ㄱ 의 환경에는 공기, 물, 흙 등이 있다.

일반 쓰레기를 마구 버리면 ㅅ ㅌ ㄱ 가 파괴된다.

밤 12시부터 낮 12시까지의 시간.

교과 하루는 24시간인데 ㅇ ㅈ 은 12시간이다.

교과 오후 11시에서 2시간이 지나면 ㅇ ㅈ 1시이다.

일반 오늘은 단축 수업을 해서 ㅇ ㅈ 에만 공부했다.

071 언어

난이도 ★★☆

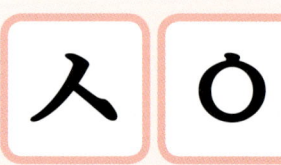

여러 사람 앞에서 어떻게 하겠다고 말함.

- 3월 1일에 모인 사람들은 독립을 ㅅ ㅇ 했다.
- 여러 나라가 세계 인권 ㅅ ㅇ 에 참여했다.
- 그는 갑자기 축구를 그만두겠다고 ㅅ ㅇ 했다.

태양의 주위를 도는 모든 물체의 모임.

📖 ㅌㅇㄱ 에는 여덟 개의 행성이 있다.

📖 ㅌㅇㄱ 에는 소행성, 위성, 혜성 등도 있다.

📖 ㅌㅇㄱ 는 약 46억 년 전에 만들어졌다.

073 사회

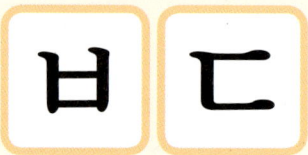

| ㅂ | ㄷ |

땅, 나라 등을 나누어 끊음.

📖 우리나라는 해방 후에 남북으로 | ㅂ | ㄷ | 되었다.

📖 남북 | ㅂ | ㄷ | 으로 이산가족이 생겼다.

📖 | ㅂ | ㄷ | 의 아픔을 극복하고 통일을 이루자.

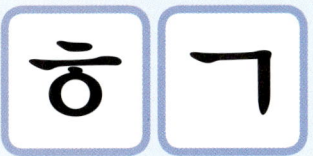

몸속에서 피가 흐르는 관.

- 교과 심장에서 피를 내보내는 ㅎㄱ 은 '동맥'이다.
- 교과 심장으로 피가 들어가는 ㅎㄱ 은 '정맥'이다.
- 일반 간호사가 환자의 ㅎㄱ 에 주사를 놓았다.

075 사회

난이도 ★★☆

학습 체크 ✔1회 2회 3회

ㅈ ㅈ

재료를 사용해서 물건을 만듦.

교과 ㅈ ㅈ 업 은 공장에서 물건을 만드는 일이다.

교과 우리나라는 세계적인 자동차 ㅈ ㅈ 국가이다.

일반 물건을 살 때는 ㅈ ㅈ 한 날짜를 확인해야 한다.

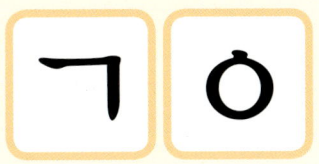

돈을 버는 일을 하는 큰 회사.

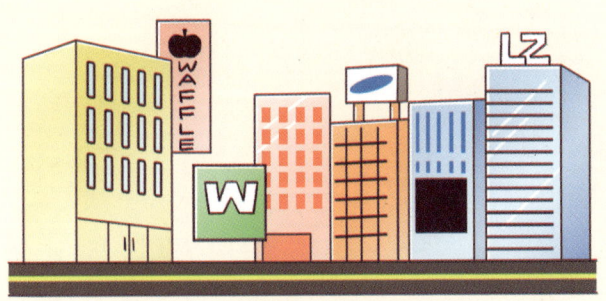

교과 어떤 ㄱㅇ 은 물건을 팔고 돈을 번다.

교과 ㄱㅇ 은 서로 경쟁하며 발전한다.

일반 삼성과 현대는 우리나라의 대표 ㄱㅇ 이다.

돈을 쓸 때 사치하지 않거나, 겉모습을 꾸미지 않음.

- 일반 | 그는 부자이지만 ㄱ ㅅ 하게 살고 있다.

- 일반 | 그녀는 ㄱ ㅅ 해서 비싼 옷은 사지 않는다.

- 일반 | 우리는 할아버지 칠순 잔치를 ㄱ ㅅ 하게 치렀다.

078 사회

난이도 ★★★

ㅇ ㅁ

여기저기 옮겨 다니면서 가축을 기름.

교과 ㅇ ㅁ 민 들은 초원에서 양, 말, 소 등을 기른다.

교과 몽골에서 ㅇ ㅁ 생활에 사용하는 집을 '게르'라고 한다.

일반 ㅇ ㅁ 민족은 어린아이도 말을 잘 탄다.

079 역사

나라에서 보배로 정한 문화유산.

교과 숭례문은 우리나라의 ㄱ ㅂ 이다.

교과 유물 중 희귀한 것을 ㄱ ㅂ 로 정한다.

일반 금메달을 딴 그는 ㄱ ㅂ 급 선수이다.

080 사회

난이도 ★★★ | 학습 체크

ㅇ ㄷ

간편하게 줄여서 주요한 것만 그린 지도.

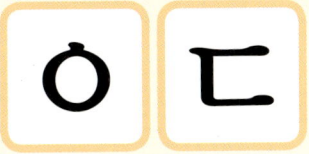

간단해도 너무 간단하잖아!

[교과] 지도에는 ㅇ ㄷ , 안내도, 노선도 등이 있다.

[교과] ㅇ ㄷ 를 사용하면 목적지를 쉽게 찾을 수 있다.

[일반] 꽃을 사러 ㅇ ㄷ 를 보면서 꽃집을 찾아갔다.

도전! 초등 어휘왕

1. 서로 어울리는 단어와 뜻을 선으로 연결해 보세요.

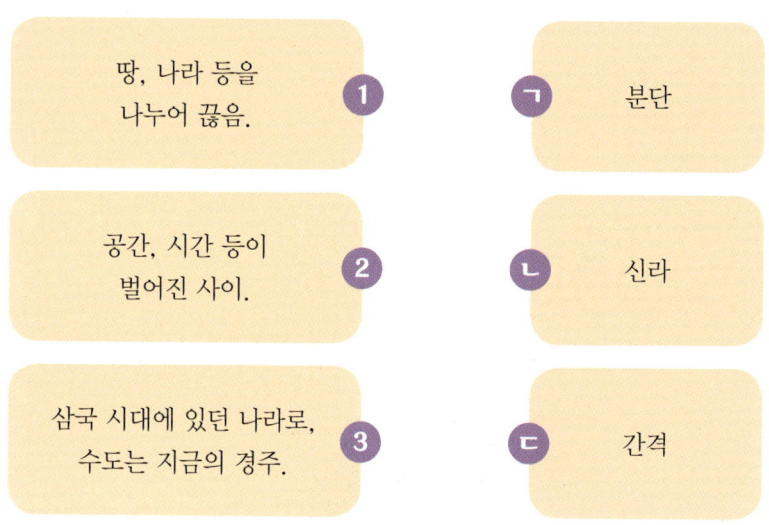

2. 다음 문장에서 빈칸에 들어갈 알맞은 단어를 고르세요.

할아버지는 □□하셔서 비싼 옷은 사지 않으신다.

① 건강　　② 순수　　③ 검소　　④ 겸손

3. 다음 그림이 설명하는 단어를 아래 글자 중 두 개를 골라 완성해 보세요.

| 성 | 선 | 설 | 언 | 안 |

정답 :

4. 다음 문장에서 맞춤법이 틀린 부분을 찾아 바르게 고치세요.

유몽민들은 초원에서 양, 말, 소 등을 기른다.

그림일기

그림을 색칠해 냥이의 일기를 완성해 보아요.

20___년___월___일

오전에 집을 나서면서 가족들에게 오늘은 물고기를 많~이 낚아서 맛있는 저녁을 만들어 주겠다고 **선언**했는데, 그 약속 지킬 수 있을 것 같다옹!

웬일로 들어 올리는 족족 다 월척이냥~ 이렇게 잘하는 걸 보니, 사실은 낚시가 내 **적성**에 딱 맞는 일이 아닌가 싶다옹~

081 언어

어느 한쪽으로 기울어지지 않음.

일반 체조 선수는 높은 곳에서도 ㄱ ㅎ 을 잘 잡는다.

일반 어린이는 몸과 마음이 ㄱ ㅎ 있게 자라야 한다.

일반 시골과 도시의 ㄱ ㅎ 있는 발전이 필요하다.

082 사회

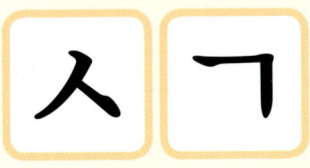

국가가 사용하기 위해 국민으로부터 거두는 돈.

- 📖 물건을 사고팔 때는 국가에 ㅅㄱ 을 낸다.

- 📖 국가는 ㅅㄱ 으로 학교나 도로를 만든다.

- 📖 나는 우편함에서 ㅅㄱ 고지서를 꺼내 왔다.

083 과학

난이도 ★☆☆ | 학습 체크

| ㅈ | ㅅ | ㅎ |

전투와 같은 일을 하기 위해 물속으로 다니는 배.

교과 | ㅈ ㅅ ㅎ | 속 공간을 물로 채우면 가라앉는다.

교과 | ㅈ ㅅ ㅎ | 속 공간을 공기로 채우면 뜬다.

일반 제주도에서 | ㅈ ㅅ ㅎ | 을 타고 바닷속을 구경했다.

ㄷ ㄹ

도형의 테두리를 한 바퀴 돈 길이.

교과 도형의 모든 변의 길이를 더하면 ㄷ ㄹ 가 된다.

교과 ㄷ ㄹ 가 같은 도형이라도 모양은 다를 수 있다.

일반 식목일에 학교 운동장 ㄷ ㄹ 에 나무를 심었다.

난이도 ★☆☆ | 학습 체크 1회 2회 3회

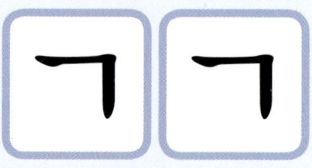

눈, 귀, 코, 혀, 피부로 어떤 것을 아는 느낌.

교과 ㄱ ㄱ 에는 시각, 미각, 후각, 청각, 촉각이 있다.

교과 우리 몸에서 느낀 ㄱ ㄱ 은 모두 뇌로 전달된다.

일반 교통사고를 당해서 다리의 ㄱ ㄱ 을 잃어버렸다.

겨울부터 봄까지 먹을 김치를 많이 담그는 일.

- 교과 ㄱ ㅈ 은 채소가 부족한 겨울을 준비하는 일이다.
- 교과 우리 조상들은 ㄱ ㅈ 김치를 이웃과 나누었다.
- 일반 엄마는 할머니 댁에서 ㄱ ㅈ 을 한다.

087 언어

난이도 ★★☆ | 학습 체크

ㄱ ㄷ

신문이나 방송 따위를 사거나 지정해서 읽거나 시청함.

냥플릭스 가입해 두니 볼 게 넘친다옹~!

일반 우리 집은 신문을 ㄱ ㄷ 해서 신문지가 많다.

일반 누나는 인터넷 요가 방송을 ㄱ ㄷ 하고 있다.

일반 나는 매주 학습지를 ㄱ ㄷ 하기로 했다.

역사

| ㄱ | ㄱ | ㄹ |

삼국 시대에 우리나라 북쪽과 중국에 걸쳐 있던 나라.

교과 | ㄱ | ㄱ | ㄹ | 를 세운 사람은 주몽이다.

교과 을지문덕은 | ㄱ | ㄱ | ㄹ | 의 유명한 장군이다.

교과 | ㄱ | ㄱ | ㄹ | 의 마지막 수도는 평양성이다.

089 언어

난이도 ★★☆

| ㄱ | ㄱ |

어떤 의견이나 생각을 뒷받침하는 내용.

일반 글쓴이의 주장을 뒷받침하는 ㄱ ㄱ 를 찾으시오.

일반 그런 ㄱ ㄱ 없는 소문을 믿지 마라.

일반 내 생각이 잘못되었다는 ㄱ ㄱ 를 대 봐.

 090 과학

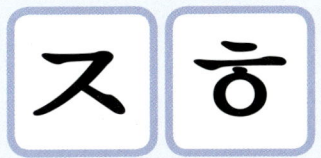

생물이나 사물이 점점 발달해 감.

교과 생물은 오랫동안 환경에 맞게 ㅈ ㅎ 하였다.

교과 화석을 보면 생물의 ㅈ ㅎ 과정을 알 수 있다.

일반 컴퓨터는 매우 빠르게 ㅈ ㅎ 하고 있다.

091 인물

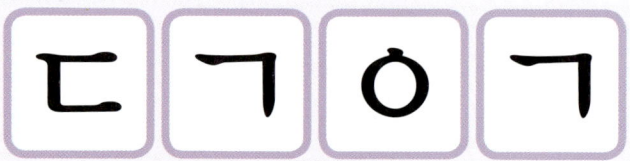

우리 민족 최초의 나라를 세운 맨 처음 조상.

한반도에 맨 처음 나라를 세운 분이지!

- 교과 ㄷㄱㅇㄱ 의 아버지는 하늘 임금의 아들이다.
- 교과 ㄷㄱㅇㄱ 의 어머니는 곰에서 사람이 되었다.
- 교과 ㄷㄱㅇㄱ 이 세운 나라의 이름은 고조선이다.

092 언어

난이도 ★★☆ | 학습 체크 ✓1회 2회 3회

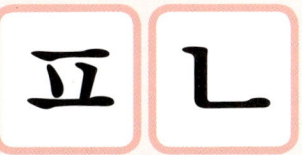

한 해 농사가 잘됨.

일반 모든 농부는 □□ 을 바란다.

일반 올해는 쌀농사가 □□ 이다.

일반 겨울에 눈이 많이 오면 보리 □□ 이 든다.

 사회

ㅎ ㅅ

중국 쪽에서 불어오는 누런 모래바람.

- 교과 ㅎㅅ 는 중국이나 몽골의 사막에서 생긴다.
- 교과 봄에는 ㅎㅅ 가 자주 생긴다.
- 일반 ㅎㅅ 가 심하면 외출할 때 마스크를 쓴다.

094 과학

난이도 ★★☆

ㅇ ㄹ

열, 빛, 에너지를 얻기 위해서 태우는 물질.

[교과] 석유나 석탄을 화석 ㅇㄹ 라고 부른다.

[교과] ㅇㄹ 전지는 수소로 전기를 만드는 장치이다.

[일반] 옛날에는 나무를 난방 ㅇㄹ 로 사용했다.

095 사회

난이도 ★★☆

| ㅇ | ㅁ |

사람이 당연히 해야 할 일.

- 학교에서 교육받는 것은 국민의 ㅇ ㅁ 이다.

- 국민은 나라에 세금을 내야 할 ㅇ ㅁ 가 있다.

- 부모는 자식을 보살펴야 할 ㅇ ㅁ 가 있다.

| 난이도 | 학습 체크 |

안전하게 보호하여 지킴.

- 쓰레기를 주우면 환경 ㅂ ㅈ 에 도움이 된다.
- 조개가 많은 갯벌은 생태계 ㅂ ㅈ 지역이다.
- '대한 사람 대한으로 길이 ㅂ ㅈ 하세.'

097 사회

물건이나 기술을 외국에 파는 일.

📖 우리나라는 스마트폰과 자동차를 많이 ㅅ ㅊ 한다.

📖 우리나라가 ㅅ ㅊ 을 가장 많이 하는 나라는 중국이다.

📖 수입보다 ㅅ ㅊ 을 많이 해야 부자 나라가 된다.

ㄴ ㄷ

기체나 액체 속에 들어 있는 물질의 진한 정도.

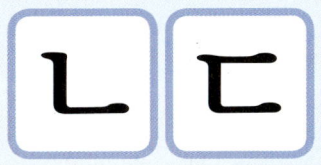

📖 물에 소금을 많이 녹일수록 ㄴ ㄷ 가 진해진다.

📖 소금물의 ㄴ ㄷ 가 진할수록 무게도 무거워진다.

📘 오늘 미세먼지 ㄴ ㄷ 가 높아 외출하지 않았다.

099 역사

난이도 ★★★ | 학습 체크

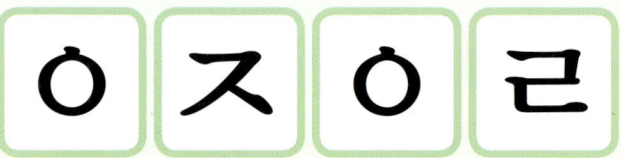

임진년인 1592년에 일본이 조선을 쳐들어온 전쟁.

- ㅇ ㅈ ㅇ ㄹ 이 끝나기까지 7년이나 걸렸다.
- 조선은 ㅇ ㅈ ㅇ ㄹ 에 제대로 대비하지 못했다.
- 이순신은 ㅇ ㅈ ㅇ ㄹ 때 조선을 구했다.

일을 해서 번 돈이나 얻은 이익 같은 것.

- 교과: 회사의 월급이나 은행의 이자 등이 ㅅ ㄷ 이다.
- 교과: ㅅ ㄷ 이 증가하면 그만큼 소비도 증가한다.
- 일반: 그는 장사해서 큰 ㅅ ㄷ 을 얻었다.

도전! 초등 어휘왕

1. 서로 어울리는 단어와 뜻을 선으로 연결해 보세요.

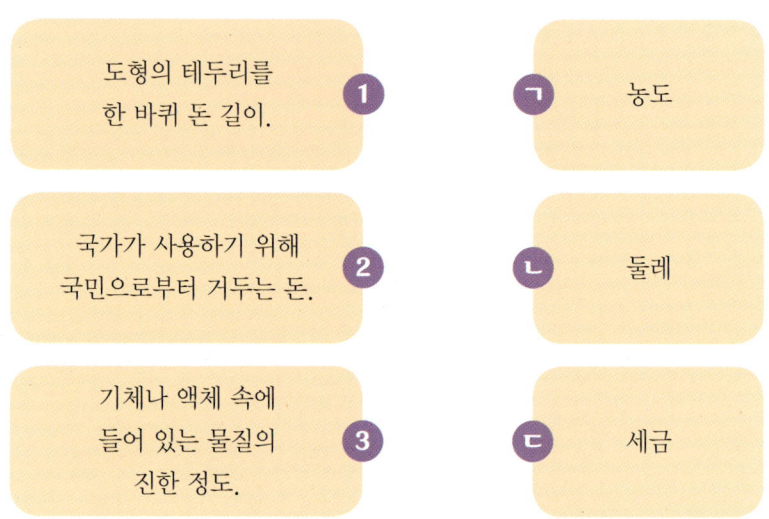

2. 다음 문장에서 빈칸에 들어갈 알맞은 단어를 고르세요.

대한민국 국민은 세금 납부의 ☐(이)가 있다.

① 권한　　② 의무　　③ 취미　　④ 강제성

3. 다음 그림이 설명하는 단어를 아래 글자 중 두 개를 골라 완성해 보세요.

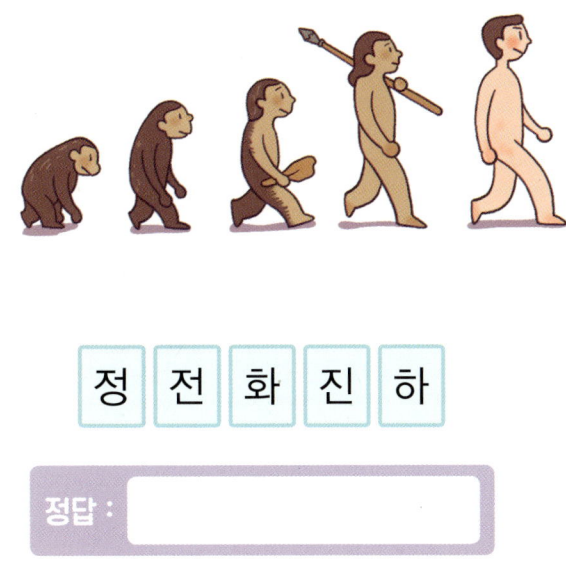

| 정 | 전 | 화 | 진 | 하 |

정답 :

4. 다음 문장에서 맞춤법이 틀린 부분을 찾아 바르게 고치세요.

작년처럼, 올해도 풍연이었으면 하는 바람이다.

한자어

한자어를 익히고 따라 써 보아요.

황사(黃砂)

=

중국 쪽에서 불어오는 누런 모래바람.

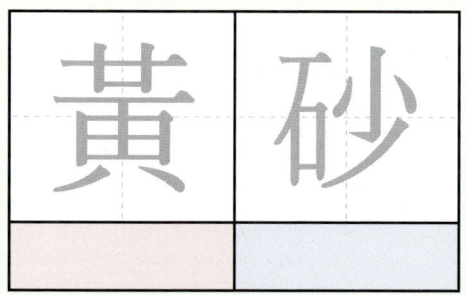

6 라운드

도전! 초등 어휘왕
초성 퀴즈 대결
101~120

101 과학

난이도 ★☆☆

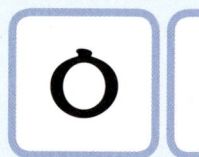

화산이 폭발할 때 나오는 액체 물질.

너무 뜨거워서 바위가 다 녹겠다옹!

교과 ○○ 은 붉은색이며 매우 뜨겁고 끈적끈적하다.

교과 ○○ 이 빨리 식으면 구멍이 뚫린 돌이 된다.

일반 제주도에는 ○○ 이 식어서 만들어진 돌이 많다.

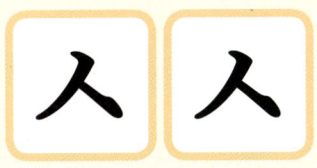

인간에게 필요한 물건을 만들어 냄.

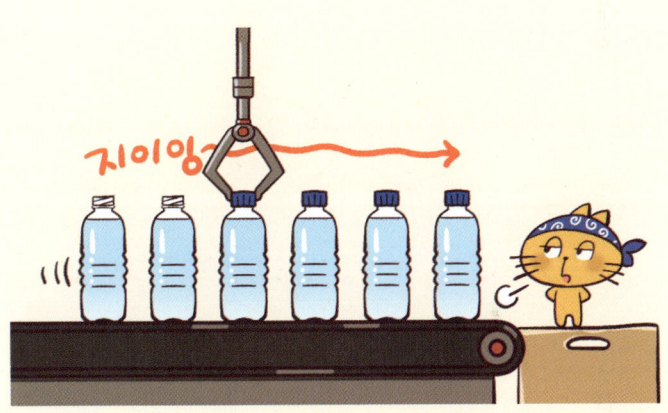

- 📖 소비는 ㅅ ㅅ 한 물건을 쓰는 일이다.

- 📖 음악이나 영화를 만드는 일도 ㅅ ㅅ 이다.

- 📖 올해는 풍년이어서 쌀 ㅅ ㅅ 량 이 늘었다.

103 과학

난이도 ★☆☆ | 학습 체크 ✓ 2회 3회

ㅇ ㄹ

물고기를 통틀어 부르는 말.

안녕~ 난 물고기야!

정말? 나도 물고기인데~!

교과 ㅇ ㄹ 는 바다, 호수, 강에 산다.

교과 ㅇ ㄹ 는 아가미로 숨을 쉰다.

일반 금붕어, 고등어 등은 모두 ㅇ ㄹ 이다.

사회

ㅇ ㄹ

아시아 서쪽, 아프리카 북쪽의 큰 땅.

교과 프랑스와 이탈리아는 ㅇ ㄹ 에 있다.

교과 ㅇ ㄹ 은 아시아보다 좁다.

일반 우리는 방학 때 ㅇ ㄹ 으로 여행을 간다.

 역사

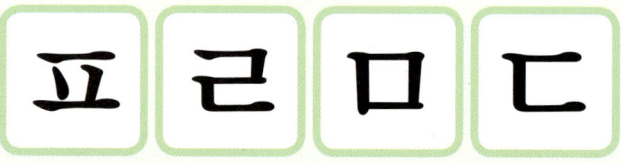

돌을 쌓아 거대하게 만든 뾰족한 모양의 무덤.

교과 이집트의 ｜피｜라｜미｜드｜는 왕이나 왕족의 무덤이다.

교과 가장 큰 ｜피｜라｜미｜드｜는 높이가 200m보다 높다.

일반 ｜피｜라｜미｜드｜의 입구는 막혀 있어 찾기 어렵다.

 106 언어

밤 열두 시.

일반 우리 아빠는 식당에서 ㅈㅈ 까지 일한다.

일반 신데렐라에게 걸린 마법은 ㅈㅈ 이 되면 풀린다.

일반 형은 ㅈㅈ 이 다 되어 숙제를 끝냈다.

 107 역사

ㅎ ㅁ ㅈ ㅇ

백성을 가르치는 바른 소리라는 뜻의 한글의 옛 이름.

- 📖 세종 대왕께서 ㅎ ㅁ ㅈ ㅇ 을 만들었다.
- 📖 처음에는 ㅎ ㅁ ㅈ ㅇ 이 모두 28자였다.
- 📖 일부 신하들은 ㅎ ㅁ ㅈ ㅇ 사용을 반대했다.

사회

| 판 | 결 |

법원에서 사건을 판단하여 결정함.

📖 법원에서 판사는 사건을 | 판 | 결 | 한다.

📖 | 판 | 결 |이 억울하다면 재판을 또 요청할 수 있다.

📖 그는 무죄 | 판 | 결 |을 받고 감옥에서 풀려났다.

109 언어

난이도 ★★☆ 학습 체크

ㅎ ㅅ

낡아지거나 깨져서 손상함.

일반 더러운 물을 버리면 자연환경이 ㅎ ㅅ 된다.

일반 관리를 하지 않아서 문화유산이 ㅎ ㅅ 되었다.

일반 거짓말은 너의 명예를 ㅎ ㅅ 할 것이다.

| ㄱ | ㅂ |

어떤 것을 쓸모 있게 만들거나 발달하게 만듦.

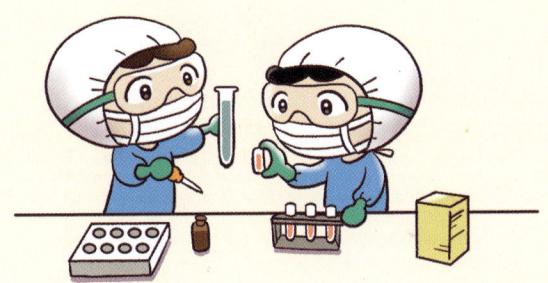

교과 산과 들을 함부로 | ㄱ | ㅂ | 하면 자연이 파괴된다.

교과 도로를 만드는 일은 국토 | ㄱ | ㅂ | 중 하나이다.

일반 누나는 컴퓨터 프로그램을 | ㄱ | ㅂ | 하는 일을 한다.

111 수학

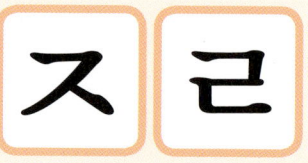

원의 중심을 지나고 양쪽 끝이 둘레에 닿는 곧은 선.

이게 바로 지름길이지!

📖 ㅈ ㄹ 은 원 안에 그을 수 있는 가장 긴 곧은 선이다.

📖 원의 중심에서 둘레까지 그은 곧은 선은 반 ㅈ ㄹ 이다.

📖 자동차 바퀴의 ㅈ ㄹ 을 재어 보니 약 66cm이었다.

112 언어

난이도 ★★☆

학습 체크 ☑1회 2회 3회

ㄱ ㅇ

의견이나 바라는 것을 말함.

일반 신하들은 임금님께 전쟁을 멈추자고 ㄱ ㅇ 했다.

일반 아버지는 내 ㄱ ㅇ 를 받아들여 용돈을 올려 주셨다.

일반 우리는 선생님께 ㄱ ㅇ 사항을 말씀드렸다.

113 사회

ㅅ ㅇ

다른 나라의 물건을 사서 들여옴.

📖 'ㅅ ㅇ'의 반대말은 '수출'이다.

📖 우리나라는 주로 석유, 가스 등을 ㅅ ㅇ 한다.

📖 어머니는 미국에서 ㅅ ㅇ 한 쇠고기를 사셨다.

114 과학

난이도 ★★☆

| ㅇ | ㅈ |

부모로부터 자식에게 몸의 모양이나 성격이 전해짐.

교과 생김새나 혈액형은 | ㅇ ㅈ | 으로 결정된다.

교과 세포 속에는 | ㅇ ㅈ | 정보가 들어있다.

일반 그의 뛰어난 운동 실력은 아들에게 | ㅇ ㅈ | 되었다.

115 언어

난이도 ★★☆ 학습 체크 ✓1회 2회 3회

ㅌ ㅊ

나쁜 것을 물리쳐서 없앰.

📖 **일반** 벌레를 ㅌ ㅊ 해서 죽어가던 나무가 살아났다.

📖 **일반** 캠핑할 때는 모기 ㅌ ㅊ 향을 피워야 한다.

📖 **일반** 우리는 약국에서 바퀴벌레 ㅌ ㅊ 약을 샀다.

 ## 116 과학

난이도 ★★☆ | 학습 체크 ☑1회 2회 3회

ㄱ ㅅ

철이나 금과 같이 빛이 나는 단단한 물질.

교과 ㄱ ㅅ 은 플라스틱, 나무, 고무보다 단단하다.

교과 은과 구리는 전기를 잘 전달하는 ㄱ ㅅ 이다.

일반 못, 칼, 가위 등은 ㄱ ㅅ 으로 만든 물체이다.

117 사회

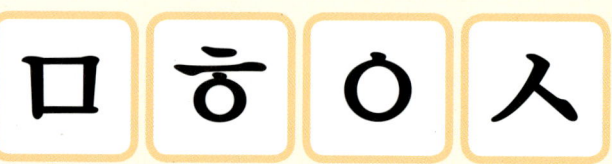

옛사람이 남긴 것 중 후손에게 물려줄 가치가 있는 것.

교과 ㅁ ㅎ ㅇ ㅅ 에는 우리 역사가 담겨 있다.

교과 ㅁ ㅎ ㅇ ㅅ 으로 정해지면 법으로 보호한다.

일반 나는 박물관에서 조선 시대 ㅁ ㅎ ㅇ ㅅ 을 보았다.

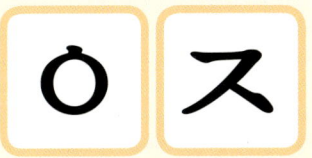

은행에 돈을 맡기면 그 대가로 받는 돈.

 ㅇ ㅈ 는 돈을 맡기면 받고, 돈을 빌리면 낸다.

 ㅇ ㅈ 는 흔히 맡긴 돈을 찾을 때 함께 받는다.

 나는 빌린 돈에 대한 ㅇ ㅈ 를 매달 갚고 있다.

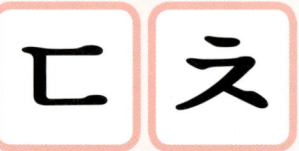

시간이나 거리를 짧게 줄임.

일반 새로운 방법으로 공사 기간을 ㄷ ㅊ 했다.

일반 오늘은 방학식을 해야 해서 ㄷ ㅊ 수업을 한다.

일반 지하철이 생겨서 출근 거리가 ㄷ ㅊ 되었다.

사회

난이도 ★★★ | 학습 체크 ☑1회 2회 3회

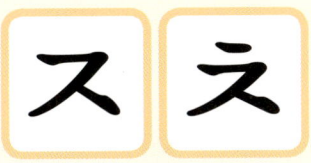

물건을 사거나 어떤 것을 하기 위해서 돈을 내는 일.

📖 **교과** 음식, 옷, 생활용품 등을 살 때 ㅈ ㅊ 한다.

📖 **교과** 치료와 같은 서비스를 받을 때도 ㅈ ㅊ 한다.

📖 **일반** 이번 달에는 ㅈ ㅊ 을 많이 해서 저축을 못 했다.

도전! 초등 어휘왕

1. 서로 어울리는 단어와 뜻을 선으로 연결해 보세요.

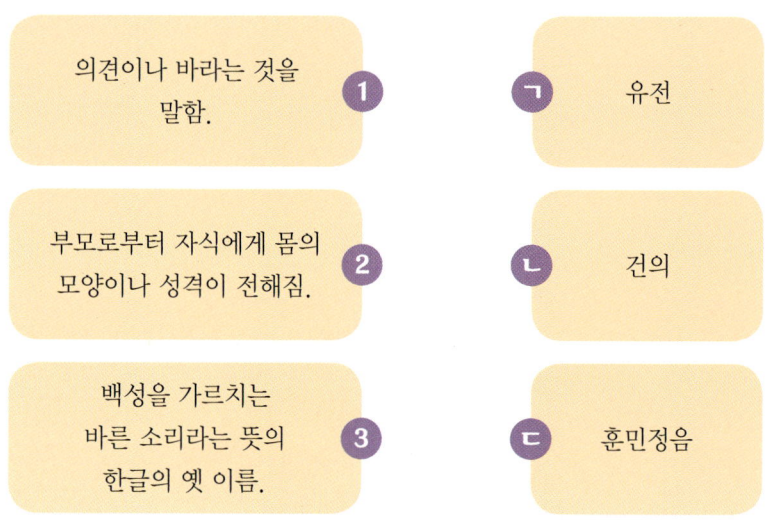

2. 다음 문장에서 빈칸에 들어갈 알맞은 단어를 고르세요.

회장은 아파트 공사 기간을 ☐ 하겠다고 선언했다.

① 보전 ② 계속 ③ 단축 ④ 보류

3. 다음 그림이 설명하는 단어를 아래 글자 중 두 개를 골라 완성해 보세요.

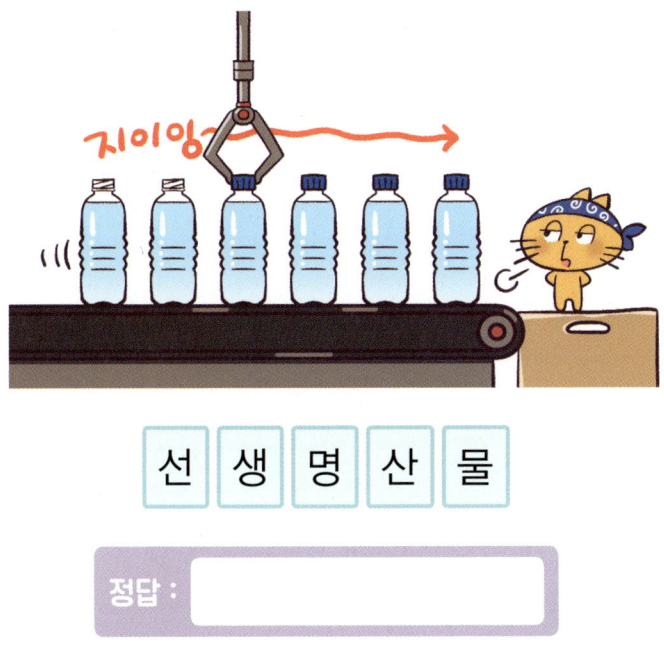

| 선 | 생 | 명 | 산 | 물 |

정답 :

4. 다음 문장에서 맞춤법이 틀린 부분을 찾아 바르게 고치세요.

> 벌레를 없애기 위해 창고에 벌레 태치 약을 붙여 두었다.

➔ -

더 알아보기

피라미드에 대해 자세히 알아보아요.

고대 이집트의 건축물인 **피라미드**는 흙과 돌을 사각뿔 모양으로 쌓아서 만든 고대 이집트 왕(파라오)의 무덤이에요. 그리고 그 옆에 자리한 스핑크스는 피라미드를 지키기 위해 만든 조각상이지요. 스핑크스는 특이하게도 사자의 몸에 사람의 얼굴을 하고 있답니다.

7 라운드

도전! 초등 어휘왕
초성 퀴즈 대결

121~140

 # 121 언어

난이도 ★☆☆ | 학습 체크

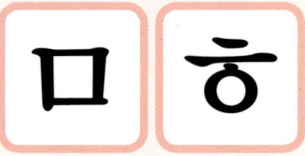

실제의 모양을 본떠서 똑같이 만든 것.

일반 ㅁ ㅎ 비행기를 만들어 공중에 날렸다.

일반 박물관에서는 유물 ㅁ ㅎ 을 전시하기도 한다.

일반 의사가 환자에게 인체 ㅁ ㅎ 을 보면서 설명했다.

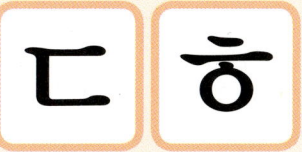

양쪽이 같다는 표시 '='.

교과 아래 문장을 ㄷㅎ 가 들어간 식으로 바꾸세요.

교과 왼쪽과 오른쪽이 다르면 ㄷㅎ 를 쓸 수 없다.

일반 ㄷㅎ 는 영국의 수학자 레코드가 처음 사용했다.

사회

ㅁ ㅈ

설이나 추석처럼 해마다 지키며 즐기는 날.

- [교과] ㅁ ㅈ 에는 사람들이 고향에 간다.
- [교과] ㅁ ㅈ 음식에는 떡국, 송편 등이 있다.
- [일반] 나는 ㅁ ㅈ 을 기다리며 들떠있다.

과학

ㅈ ㅈ

땅이 갈라지거나 흔들리는 일.

교과 땅이 지구 안에서 큰 힘을 받으면 ㅈ ㅈ 이 난다.

교과 일본, 터키 등은 ㅈ ㅈ 이 자주 일어난다.

일반 ㅈ ㅈ 이 나면 안전한 곳으로 피해야 한다.

125 언어

난이도 ★☆☆

어떤 자극에 대하여 생기는 움직임.

- 알레르기 ㅂㅇ 으로 피부가 빨개졌다.
- 식초가 소다를 만나면 활발하게 ㅂㅇ 한다.
- 아기가 음악 소리에 바로 ㅂㅇ 하였다.

사회

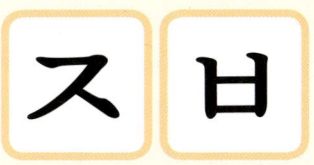

아는 내용 또는 알려진 내용.

교과 요즘에는 인터넷으로 ㅈ ㅂ 를 쉽게 얻을 수 있다.

교과 개인 ㅈ ㅂ 는 남에게 함부로 알려주면 안 된다.

일반 이 책에는 공룡에 대한 ㅈ ㅂ 가 담겨 있다.

127 과학

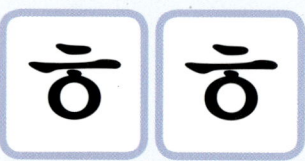

공기를 들이마시고 내쉬는 일.

[교과] 우리는 ㅎ ㅎ 한 산소로 힘을 얻는다.

[교과] 물고기는 아가미로 ㅎ ㅎ 한다.

[일반] 달리기한 뒤 ㅎ ㅎ 이 빨라졌다.

 128 **언어**

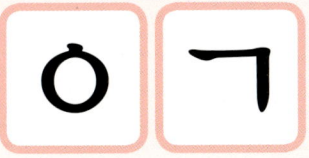

사람이 만든 것이나, 사람이 하는 일.

- 일반 나로우주센터에서 ㅇ ㄱ 위성을 쏘아 올렸다.

- 일반 구급대원이 쓰러진 사람에게 ㅇ ㄱ 호흡을 했다.

- 일반 ㅇ ㄱ 지능 로봇은 사람 대신 일한다.

129 언어

ㅇ ㄹ

어떤 일이나 물건이 생겨남.

- 이 책에는 여러 음식의 ㅇ ㄹ 가 담겨 있다.
- 우리 마을 이름은 이 나무에서 ㅇ ㄹ 하였다.
- 나는 연날리기의 ㅇ ㄹ 가 궁금해졌다.

130 역사

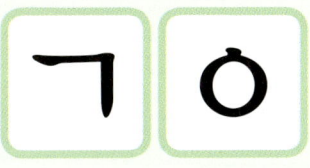

흙으로 구워서 만든 지붕을 덮는 물건.

📖 한국의 전통 집에는 초가집과 ㄱ ㅇ 집이 있다.

📖 삼국 시대 귀족은 화려한 ㄱ ㅇ 집에서 살았다.

📖 시골 할머니 댁은 파란색 ㄱ ㅇ 를 얹은 집이다.

 **131**  난이도 ★★☆ 학습 체크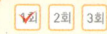

ㅇ ㄹ

물건을 만드는 데 필요한 재료.

📖 한국에는 제품의 ㅇ ㄹ 를 수입하는 회사가 많다.

📖 신발의 ㅇ ㄹ 는 고무, 가죽 등이다.

📖 이 김치는 국내산 ㅇ ㄹ 로 만들어서 잘 팔린다.

 132 인물

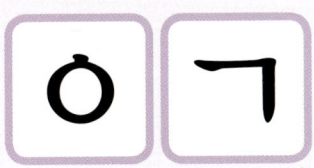

고려를 세운 왕.

- 교과 ㅇ ㄱ 은 후삼국을 통일하여 고려를 세웠다.

- 교과 ㅇ ㄱ 은 옛 고구려의 땅을 되찾으려 노력했다.

- 교과 ㅇ ㄱ 이 세운 고려에서 '코리아'라는 말이 나왔다.

133 언어

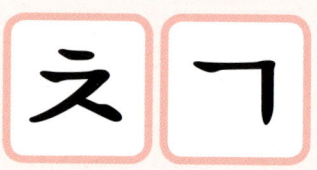

잘못을 고치기 위해 좋게 타이르는 말.

일반 선생님께서 복도에서 뛰지 말라고 ㅊ ㄱ 하셨다.

일반 약이 쓴 것처럼 ㅊ ㄱ 도 처음에는 듣기 싫다.

일반 내 ㅊ ㄱ 를 무시하면 큰코다칠 것이야.

134 사회

난이도 ★★☆

| ㅈ | ㅇ |

석유나 나무처럼 사람이 살아가는 데 **필요한 것**.

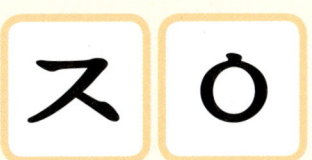

- 📖 석탄과 같은 천연 ㅈ ㅇ 은 쓰면 없어진다.
- 📖 우리나라는 많은 양의 ㅈ ㅇ 을 수입하고 있다.
- 📖 독도 근처에는 해양 ㅈ ㅇ 이 풍부하다.

135 과학

난이도 ★★☆

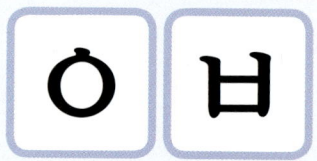

하늘에서 떨어지는 얼음덩어리.

📖 구름 속의 물방울이 얼면 눈이나 ㅇ ㅂ 이 된다.

📖 ㅇ ㅂ 은 눈보다 2배에서 5배까지 크다.

📖 갑자기 ㅇ ㅂ 이 내려 농작물이 피해를 보았다.

 136 사회 난이도 ★★★ 학습 체크

가게나 회사를 이끌어 나감.

교과 회사의 사장은 회사를 ㄱ ㅇ 하는 사람이다.

교과 직원을 관리하는 것도 ㄱ ㅇ 에 속한다.

일반 그 가게는 사장이 ㄱ ㅇ 을 잘못해서 망했다.

137 사회

더러운 공기나 물, 시끄러운 소리 등으로 인한 피해.

📖 각종 ㄱ ㅎ 는 환경오염을 일으킨다.

📖 ㄱ ㅎ 때문에 많은 생물이 멸종될 위기에 처해 있다.

📖 아파트에서는 소음 ㄱ ㅎ 를 일으켜서는 안 된다.

138 언어

ㄱ ㄱ

글의 내용이 될 이야깃거리.

- **일반** 이번 글짓기 대회의 ㄱ ㄱ 은 '추석'이다.

- **일반** 나는 '여름'을 ㄱ ㄱ 으로 동시를 썼다.

- **일반** 나는 '여행에서 겪은 일'을 ㄱ ㄱ 으로 골랐다.

139 과학

난이도 ★★★

ㅌ ㅅ

일 년 내내 한 곳에서만 사는 새.

여기는 내 터라고!

- 교과 참새, 비둘기, 까마귀 따위는 흔한 ㅌㅅ 이다.
- 교과 철새였던 청둥오리는 현재는 ㅌㅅ 가 되었다.
- 일반 과학 시간에 ㅌㅅ 와 철새의 특징을 비교했다.

 사회

난이도 ★★★ | 학습 체크 ✓ 2회 3회

즐겁고 행복한 생활.

교과 장애인을 위한 ㅂ ㅈ 시설은 꼭 필요하다.

교과 우리나라는 국민의 ㅂ ㅈ 를 위해 큰돈을 쓴다.

일반 우리 할머니는 매일 ㅂ ㅈ 관 에 놀러 가신다.

도전! 초등 어휘왕

1. 서로 어울리는 단어와 뜻을 선으로 연결해 보세요.

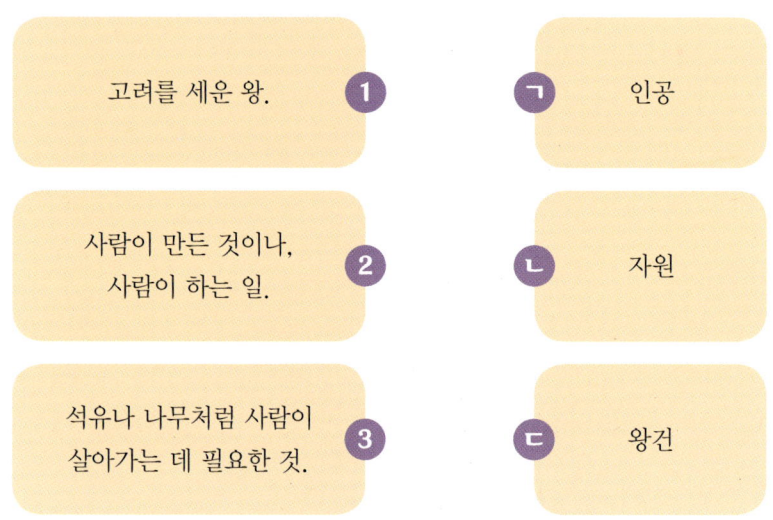

2. 다음 문장에서 빈칸에 들어갈 알맞은 단어를 고르세요.

의사 선생님의 ☐ 대로, 운동을 시작하기로 결심했다.

① 걱정　　② 상상　　③ 충고　　④ 확신

3. 다음 그림이 설명하는 단어를 아래 글자 중 두 개를 골라 완성해 보세요.

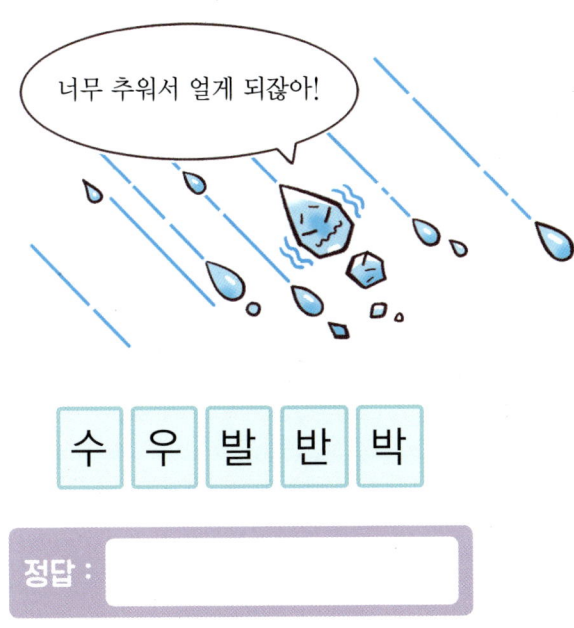

| 수 | 우 | 발 | 반 | 박 |

정답 :

4. 다음 문장에서 맞춤법이 틀린 부분을 찾아 바르게 고치세요.

이 빵의 월료는 우리나라에서 생산된 밀이다.

- -

그림일기

이번 설에는 맛있는 떡국도 먹고, 재민이와 윷놀이도 하면서 즐겁게 보냈다. 담임 선생님께서 **명절** 동안 숙제로 윷놀이의 **유래**를 알아 오라고 하셨는데, 할머니는 나보다 윷놀이를 훨씬 많이 해 보셨을 테니까 잘 알고 계시겠지? 할머니께 여쭤봐야겠다!

141 언어

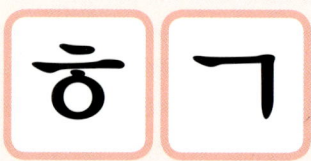

우리를 둘러싸고 있는 모든 것.

일반 이사를 해서 나는 새로운 ㅎ ㄱ 에 적응해야 한다.

일반 자 연 ㅎ ㄱ 이 파괴되면 동물들이 살 수가 없다.

일반 그 청년은 어려운 ㅎ ㄱ 에서도 열심히 살았다.

142 과학

난이도 ★☆☆

빛이 어디에 부딪혀 튕기는 것.

- 교과) 우리는 물체에서 ㅂ ㅅ 된 빛으로 색을 본다.

- 교과) 철과 같은 금속은 ㅂ ㅅ 가 잘 일어난다.

- 일반) 유리창에 ㅂ ㅅ 된 햇빛 때문에 눈이 부셨다.

ㅅ ㅁ

조상의 묘(무덤)를 찾아가서 돌봄.

- 📕 주로 설날, 추석, 한식에 ㅅ ㅁ 한다.

- 📕 ㅅ ㅁ 는 조상을 섬기는 우리의 전통문화이다.

- 📗 ㅅ ㅁ 를 가는 차로 고속 도로가 막혔다.

 144 과학

난이도 ★☆☆ | 학습 체크

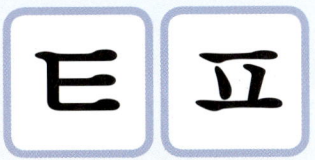

아주 크고 센 바람인데 큰비를 몰고 옴.

교과 태 풍 은 북태평양 남쪽에서 만들어진다.

교과 태 풍 의 이름은 여러 나라가 돌아가며 붙인다.

일반 태 풍 이 방향을 일본 쪽으로 바꿨다.

145 사회

지구를 한 마을처럼 부르는 말.

- 교통의 발달은 세계를 ㅈㄱㅊ 으로 만들었다.
- ㅈㄱㅊ 이 되면서 세계 여러 나라는 가까워졌다.
- 뉴스를 보면 ㅈㄱㅊ 의 소식을 알 수 있다.

146 언어

ㅎ ㅅ

알기 쉽게 자세히 설명함.

〈생각하는 고양이〉라는 작품은...

- 박물관에서 유물에 대한 ㅎ ㅅ 을 들었다.
- 숲 체험을 가니 전문가가 ㅎ ㅅ 해 주었다.
- 한자로 쓰인 글 밑에 한글 ㅎ ㅅ 이 있다.

147 과학

| 난이도 | 학습 체크 |

| ㅎ | ㅅ |

옛날 생물이 변해 그 흔적이 바위 속에 남아 있는 것.

📖 ㅎ ㅅ 은 주로 흙이 쌓여 생긴 바위 속에 있다.

📖 산호 ㅎ ㅅ 이 나온 지역은 옛날에는 바다였다.

📖 석유나 석탄도 옛날 생물이 변한 ㅎ ㅅ 이다.

148 사회

난이도 ★★☆

학습 체크

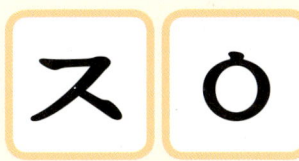

어떤 일이 사실인지 아닌지 밝히기 위해 나서는 사람.

내가 다 봤다옹!

- 교과 재판을 받는 사람은 ㅈ ㅇ 을 내세울 수 있다.
- 교과 재판에서 ㅈ ㅇ 은 사실대로 말해야 한다.
- 일반 범인은 ㅈ ㅇ 을 직접 만나자, 잘못을 인정했다.

149 수학

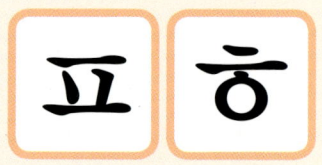

만나지 않고 나란히 가는 모습.

- **교과** 직사각형에서 마주 보는 두 변은 　평　행　하다.
- **교과** 두 직선을 　평　행　하게 그려라.
- **일반** 우리는 두 팔을 들어 　평　행　하게 뻗었다.

ㅈ ㅂ

물과 같은 액체가 수증기와 같은 기체로 변하는 일.

- 📖 뜨거운 물은 표면에 있는 알갱이부터 ㅈ ㅂ 한다.

- 📖 ㅈ ㅂ 한 물은 없어지지 않고 공기 속에 있다.

- 일반 뜨거운 날씨에 연못물이 모두 ㅈ ㅂ 하였다.

 151 사회

ㄱ ㅎ

어느 지역의 오랜 기간의 날씨.

교과 사막과 섬의 ㄱ ㅎ 는 매우 다르다.

교과 따뜻한 ㄱ ㅎ 는 농사짓기에 좋다.

일반 제주도에 오니 서울과 ㄱ ㅎ 가 달랐다.

152 과학

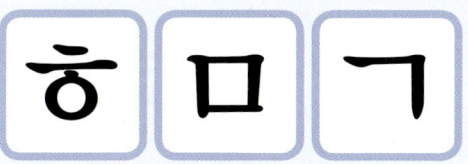

눈으로 볼 수 없는 작은 물체를 확대해서 보는 기구.

교과 ㅎ ㅁ ㄱ 은 렌즈 두 개를 통해 물체를 확대한다.

교과 광학 ㅎ ㅁ ㄱ 은 빛을 비춰야 물체를 볼 수 있다.

일반 과학 시간에 ㅎ ㅁ ㄱ 으로 식물 세포를 관찰했다.

 **153** 언어

ㄷ ㅊ

다른 것으로 대신함.

일반 그를 ㄷ ㅊ 할 선수는 없다.

일반 어머니는 설탕을 물엿으로 ㄷ ㅊ 하셨다.

일반 월요일은 ㄷ ㅊ 공휴일이라 학교에 안 간다.

사회

땅이나 집처럼 움직일 수 없는 재산.

정말 꿈쩍도 안 하네!

- [교과] ㅂ ㄷ ㅅ 을 사거나 팔면 세금을 내야 한다.
- [교과] ㅂ ㄷ ㅅ 을 사려면 큰돈이 필요하다.
- [일반] 요즘 ㅂ ㄷ ㅅ 값이 크게 올랐다.

155 사회

난이도 ★★★ | 학습 체크

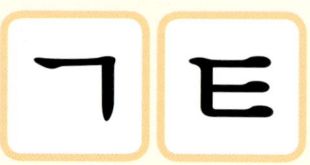

한 나라의 땅.

- 우리 ㄱㅌ 는 약 70%가 산으로 되어 있다.
- 우리 ㄱㅌ 의 동쪽, 서쪽, 남쪽에는 바다가 있다.
- 독도는 역사적으로 우리나라 ㄱㅌ 임이 분명하다.

156 언어

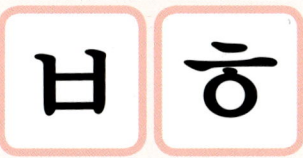

여러 부분으로 된 하나를 조각조각 떼어냄.

- 내 동생은 조립한 장난감을 다시 ㅂ ㅎ 했다.
- 아버지는 프린터를 ㅂ ㅎ 하고 깨끗이 청소하셨다.
- 세균이나 곰팡이는 음식물 쓰레기를 ㅂ ㅎ 한다.

157 예체능

난이도 ★★★

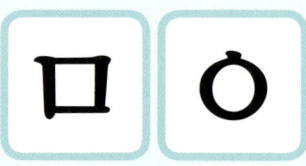

사람들 사이에서 옛날부터 전하여 오는 노래.

교과 아리랑과 강강술래는 우리나라의 대표적인 ㅁㅇ 이다.

교과 경기도 ㅁㅇ 는 밝고 경쾌한 것이 특징이다.

일반 옛날에는 함께 농사일을 할 때 ㅁㅇ 를 불렀다.

158 사회

사람이 살아가는 데 꼭 필요한 옷, 음식, 집.

교과 자연환경에 따라 ㅇ ㅅ ㅈ 모습은 크게 다르다.

교과 옛날과 오늘날의 ㅇ ㅅ ㅈ 형태는 많이 달라졌다.

일반 흥부네는 가난해서 ㅇ ㅅ ㅈ 를 걱정했다.

159 언어

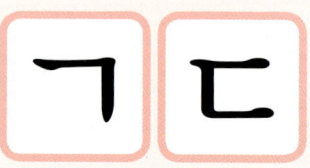

생각이 달라서 서로 맞서거나 다툼.

일반 남성과 여성 사이의 ㄱ ㄷ 은 예전에도 있었다.

일반 두 친구는 이야기할수록 ㄱ ㄷ 만 커졌다.

일반 이야기 속 두 주인공은 심하게 ㄱ ㄷ 했다.

160 사회

난이도 ★★★

ㅈ ㅎ

갑자기 당한 큰 피해.

- 교과) 지진이나 산사태는 자 연 ㅈ ㅎ 이다.
- 교과) 국가는 ㅈ ㅎ 를 입은 국민을 돕는다.
- 일반) 우리 마을은 이번에 태풍으로 ㅈ ㅎ 를 입었다.

도전! 초등 어휘왕

1. 서로 어울리는 단어와 뜻을 선으로 연결해 보세요.

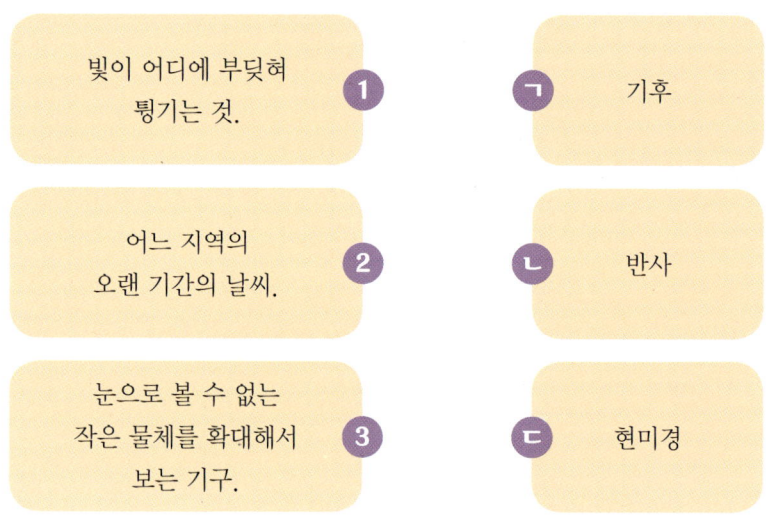

2. 다음 문장에서 빈칸에 들어갈 알맞은 단어를 고르세요.

> 고장난 시계를 ☐ 해서 고쳤더니 다시 작동한다.

① 분해　　② 색칠　　③ 공유　　④ 제거

3. 다음 그림이 설명하는 단어를 아래 글자 중 두 개를 골라 완성해 보세요.

정답 :

4. 다음 문장에서 맞춤법이 틀린 부분을 찾아 바르게 고치세요.

자연제해에 대처하는 방법을 미리 알아둬야 한다.

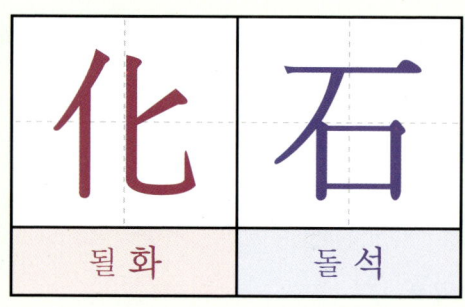

화석(化石)

=

옛날 생물의 흔적이 돌이 되어 남겨지다.

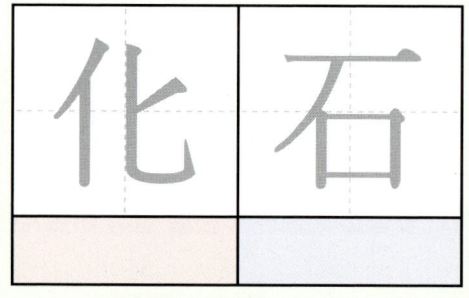

161 수학

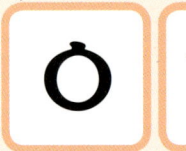 

낮 12시부터 밤 12시까지의 시간.

- 하루는 오전과 ㅇ ㅎ 로 나뉜다.
- 오전은 열두 시간, ㅇ ㅎ 도 열두 시간이다.
- 점심 먹고 나서 ㅇ ㅎ 내내 비가 왔다.

 **162** 언어

난이도 ★☆☆ | 학습 체크 ✓회 2회 3회

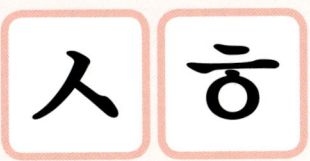

ㅅ ㅎ

어떤 일이 되어 가는 모양.

이 시간에 공부라니, 일이 어떻게 되어가고 있는 거냥~

일반 어두운 밤에는 주변 ㅅ ㅎ 을 알기 어렵다.

일반 뉴스에서 교통사고 현장 ㅅ ㅎ 을 보여 주었다.

일반 그는 어려운 ㅅ ㅎ 을 꿋꿋이 헤쳐 나가고 있다.

163 과학

| ㅅ | ㅅ |

사람이 숨을 쉬는 데 꼭 필요한 기체.

정상에 가까워질수록 ○○가 부족해 숨쉬기 힘들다옹!

교과 ㅅ ㅅ 는 맛, 색, 냄새가 없다.

교과 지구의 ㅅ ㅅ 는 대부분 나무와 풀이 만든다.

일반 방 안에 ㅅ ㅅ 가 부족한지 숨쉬기가 힘들다.

ㄷ ㄹ

큰 땅덩어리.

교과 우리나라는 아시아 ㄷㄹ 에 속해 있다.

교과 남극은 섬이 아닌 ㄷㄹ 이다.

일반 그는 마침내 새로운 ㄷㄹ 을 발견했다.

165 언어

ㅎ ㅈ

어떤 일이 실제로 일어난 곳.

바로 여기에서 사건이 발생했다는 말이지...

- 일반 곧 경찰들이 사고 ㅎ ㅈ 에 도착했다.

- 일반 도둑의 발자국이 ㅎ ㅈ 에서 발견되었다.

- 일반 이곳은 드라마 촬영 ㅎ ㅈ 으로 유명해졌다.

166 과학

난이도 ★☆☆
학습 체크 ✓ 2회 3회

ㄴ ㅊ ㅂ

양팔을 벌린 바늘이 움직이며 방향을 알려주는 물건.

📖 교과 ㄴ ㅊ ㅂ 의 붉은 바늘은 북쪽을 가리킨다.

📖 교과 ㄴ ㅊ ㅂ 의 파란 바늘은 남쪽을 가리킨다.

📖 일반 별자리도 ㄴ ㅊ ㅂ 역할을 한다.

 167 언어

난이도 ★★☆ | 학습 체크 ✓ 2회 3회

글, 그림, 사진 등을 책으로 만듦.

📘 그는 일 년 동안 쓴 소설을 ㅊ ㅍ 하였다.

📘 최근에는 환경에 관한 책들이 많이 ㅊ ㅍ 된다.

📘 책을 만드는 회사를 'ㅊ ㅍ 사'라고 한다.

168 사회

ㄱ ㅈ

돈을 벌고 쓰는 것과 관련된 모든 활동.

- 교과) 우리 ㄱ ㅈ 는 1960년대 이후 크게 발전했다.
- 교과) 우리나라는 자유로운 ㄱ ㅈ 활동이 가능하다.
- 일반) 요즘 장사가 잘되어서 우리 집 ㄱ ㅈ 가 괜찮다.

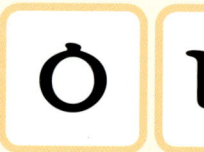

열이 방 밑을 통과하면서 방을 덥게 하는 장치.

[교과] 우리 조상들은 ㅇ ㄷ 을 이용해 난방했다.

[교과] ㅇ ㄷ 의 원리는 바닥을 뜨겁게 데우는 것이다.

[일반] ㅇ ㄷ 방 에 누우면 따뜻해서 저절로 잠이 온다.

170 과학

난이도 ★★☆

ㅊ ㅈ

다른 동물을 잡아먹는 동물.

교과 뱀은 주로 쥐를 먹고 살아서 쥐의 ㅊ ㅈ 이다.

교과 진딧물의 ㅊ ㅈ 인 무당벌레는 농사에 이롭다.

일반 항상 이기는 선수는 항상 지는 선수의 ㅊ ㅈ 이다.

171 언어

어떤 것에 대해 마음에 남은 모습.

일반 영화에서 가장 ㅇ ㅅ 깊은 장면을 말해 보세요.

일반 나는 남에게 좋은 ㅇ ㅅ 을 남기려고 노력한다.

일반 사촌 동생은 장난꾸러기라는 ㅇ ㅅ 을 준다.

172 사회

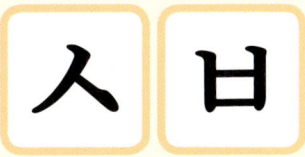

돈, 시간, 물건 등을 써서 없애는 일.

돈을 펑펑 써도 줄지를 않네~!

- 교과 사람들이 ㅅ ㅂ 를 해야 회사가 돈을 번다.
- 교과 똑똑한 ㅅ ㅂ 자 는 꼭 필요한 것만 산다.
- 일반 부모님께서는 ㅅ ㅂ 를 줄이기로 하셨다.

  역사

난이도 ★★☆   학습 체크 1회 2회 3회

ㄱ ㅈ ㅅ

단군왕검이 세운 우리나라 최초의 국가.

- 교과 | ㄱ ㅈ ㅅ 은 약 4350년 전에 건국되었다.
- 교과 | ㄱ ㅈ ㅅ 에는 '8조법'이라는 8개의 법이 있었다.
- 교과 | ㄱ ㅈ ㅅ 은 중국 한나라의 공격으로 멸망했다.

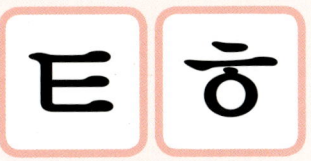

서로 양보하면서 생각을 맞춤.

일반 싸우지 말고 ㅌ ㅎ 하여 문제를 해결하자.

일반 내 친구는 고집이 세고 ㅌ ㅎ 할 줄 모른다.

일반 두 나라 사이의 문제는 ㅌ ㅎ 으로 풀어야 한다.

175 사회

ㅇ ㅌ

물건이 만드는 곳에서 쓰는 곳까지 전달되는 과정.

말풍선: 물건이 물 흐르듯 전달되고 있네!

- **교과** 공장에서 시장까지 물건을 나르는 일도 ㅇ ㅌ 이다.
- **교과** 시장에서 상인들이 물건을 파는 일도 ㅇ ㅌ 이다.
- **일반** 우유를 살 때는 ㅇ ㅌ 기한을 꼭 확인해야 한다.

 176 언어

지금까지 없던 것을 처음으로 만듦.

- 일반 신이 세상을 ㅊ ㅈ 했다고 믿는 사람들이 있다.
- 일반 예술가들은 작품을 ㅊ ㅈ 하는 사람들이다.
- 일반 봄은 새로운 생명을 ㅊ ㅈ 하는 계절이다.

 **177**  과학   난이도 ★★★ | 학습 체크

ㅁ ㅊ

두 물건이 맞닿아 비벼지는 일.

- **교과** 두 물건이 ㅁ ㅊ 하면 서로의 움직임을 방해한다.
- **교과** 머리카락에 빗을 ㅁ ㅊ 시키면 정전기가 생긴다.
- **일반** 바닥에 물을 뿌리면 ㅁ ㅊ 력 이 작아져 미끄럽다.

178 언어

난이도 ★★★ | 학습 체크 1회 2회 3회

생각을 멈추거나 마음을 버림.

일반 나는 아파서 시합을 ㄷㄴ 했다.

일반 숙제할 시간이니 게임은 ㄷㄴ 해라.

일반 내 동생은 뭐든지 쉽게 ㄷㄴ 하지 않는다.

 # 179 예체능

여러 음이 함께 어울려 나는 소리.

교과 합창할 때는 ㅎ ㅇ 을 잘 맞춰야 한다.

교과 ㅎ ㅇ 이 잘 맞지 않아 연주가 이상하게 들린다.

일반 풀벌레 소리가 아름다운 ㅎ ㅇ 을 이루고 있다.

 180 사회

난이도 ★★★ | 학습 체크 ✓ 2회 3회

ㅇ ㅅ ㅈ

물건이 만들어진 곳이나 생물이 생겨난 곳.

- 교과) 대부분 상품에는 ㅇ ㅅ ㅈ 가 표시되어 있다.
- 교과) ㅇ ㅅ ㅈ 를 속여서 판매하면 큰 벌을 받는다.
- 일반) 엄마는 생선을 살 때 ㅇ ㅅ ㅈ 를 꼭 확인한다.

도전! 초등 어휘왕

1. 서로 어울리는 단어와 뜻을 선으로 연결해 보세요.

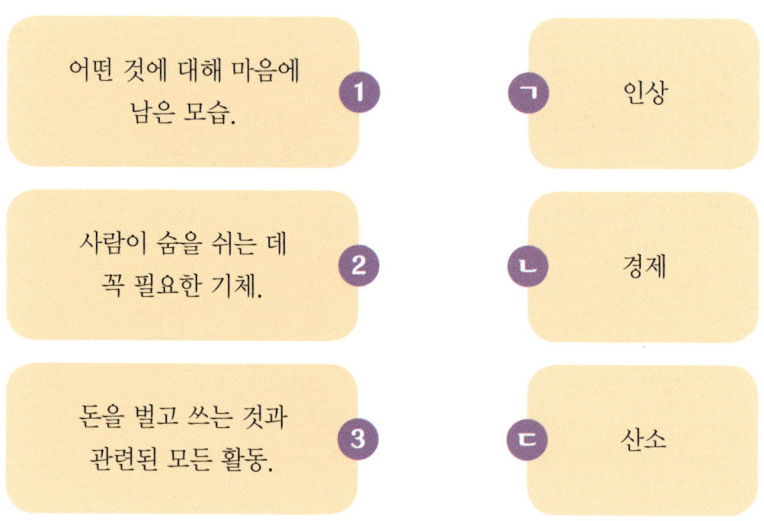

2. 다음 문장에서 빈칸에 들어갈 알맞은 단어를 고르세요.

> 비누와 거품망을 ☐ 시키면 거품이 난다.

① 합체　　② 분리　　③ 충돌　　④ 마찰

3. 다음 그림이 설명하는 단어를 아래 글자 중 두 개를 골라 완성해 보세요.

| 통 | 동 | 유 | 우 | 행 |

정답 :

4. 다음 문장에서 맞춤법이 틀린 부분을 찾아 바르게 고치세요.

재민아, 나침판을 잃어버리면 어떡해!

더 알아보기

온돌에 대해 자세히 알아보아요.

온돌은 아궁이에서 불을 때고 따뜻한 불기운이 방바닥을 데운 뒤 굴뚝으로 빠지게 하는 우리나라의 전통 난방 방식이에요. 부엌에서는 아궁이를 이용해 밥을 짓고, 그 불의 기운으로 난방까지 동시에 해결할 수 있어 아주 효율적이지요. 오늘날에는 더 이상 아궁이를 사용하지 않지만, 온돌을 활용한 난방 방식은 여전히 사용되고 있답니다.

181 과학

| 프 | ㅇ | ㄹ |

젖을 먹여 새끼를 키우는 동물.

나도 새끼에게 젖을 먹여 키운다고~!

📖 고래는 어류가 아니라 | 프 | ㅇ | ㄹ |이다.

📖 | 프 | ㅇ | ㄹ |는 몸에 털이 있어서 추위를 잘 견딘다.

📖 | 프 | ㅇ | ㄹ |는 어류나 조류보다 똑똑하다.

182 사회

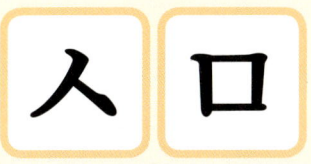

새로운 소식을 들을 수 있는 글을 모은 것.

형태는 달라지고 있지만, 세상을 보는 눈을 넓혀주지!

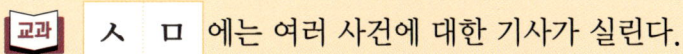

교과 ㅅ ㅁ 에는 여러 사건에 대한 기사가 실린다.

교과 ㅅ ㅁ 기사는 정확하게 써야 한다.

일반 할아버지는 아직도 종이 ㅅ ㅁ 을 보신다.

 183 사회

ㅎ ㅅ

비가 많이 와서 여기저기 물이 넘치는 것.

물을 아무리 퍼내도 그대로네!

교과 우리나라에서는 주로 여름에 ㅎ ㅅ 가 난다.

교과 댐은 강물을 가두어 ㅎ ㅅ 피해를 막아준다.

일반 이번 ㅎ ㅅ 로 여러 집이 강물에 떠내려갔다.

184 과학

난이도 ★☆☆

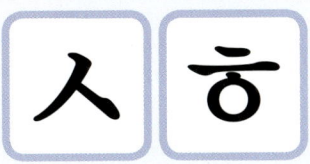

음식이 몸에 흡수되기 좋게 잘게 부서지는 일.

📖 입, 식도, 위 등은 ㅅ ㅎ 기관이다.

📖 침은 음식의 ㅅ ㅎ 를 돕는다.

📖 아빠는 무슨 음식이든 잘 ㅅ ㅎ 한다.

ㅊ ㅊ

어떤 일이나 조건에 알맞은 사람이나 물건을 소개함.

일반 나는 반장 선거 후보자로 친구를 ㅊ ㅊ 했다.

일반 동생에게 재미있는 동화책을 ㅊ ㅊ 해 주었다.

일반 삼촌은 교수님의 ㅊ ㅊ 으로 회사에 취직했다.

186 예체능

노래하고 춤추면서 하는 연극.

교과 ㅁ ㅈ ㅋ 은 미국에서 시작되었다.

교과 ㅁ ㅈ ㅋ 은 오페라보다 몸의 움직임이 많다.

일반 나는 ㅁ ㅈ ㅋ '라이온 킹'을 보았다.

187 과학

난이도 ★☆☆ | 학습 체크

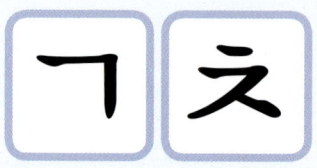

공기처럼 잡을 수 없는 물질.

- [교과] ㄱㅊ 는 자유롭게 움직여서 모양이 없다.
- [교과] 공기와 같은 ㄱㅊ 도 무게가 있다.
- [일반] 물이 끓어서 된 수증기는 ㄱㅊ 이다.

188 언어

난이도 ★★☆ 학습 체크 ☑ 2회 3회

복잡한 것을 하나하나 나누어서 밝힘.

「일반」 연구원은 ㅂ ㅅ 한 자료를 정리했다.

「일반」 글을 읽을 때는 내용을 꼼꼼히 ㅂ ㅅ 해야 한다.

「일반」 이번 경기에서 진 원인을 철저히 ㅂ ㅅ 하자.

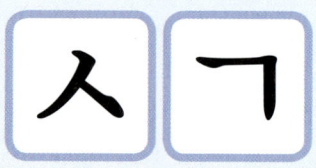

몸의 각 부분 사이에 정보를 전달하는 일을 하는 조직.

- 교과 ㅅ ㄱ 은 우리 몸이 느낀 것을 뇌에 전달한다.
- 교과 ㅅ ㄱ 은 뇌가 명령한 것을 우리 몸에 전달한다.
- 일반 시끄러운 자동차 소리가 ㅅ ㄱ 에 거슬린다.

190 사회

나라를 관리하거나 보살피는 일.

- 교과 국민은 투표로 ㅈㅊ 에 참여한다.

- 교과 국회 의원은 국민을 대신해 ㅈㅊ 를 한다.

- 일반 뉴스를 보면 ㅈㅊ 에 관한 소식이 많이 나온다.

난이도 ★★☆ | 학습 체크 1회 2회 3회

ㅇ ㄱ ㅅ

일제 강점기의 학생 독립운동가.

- 교과 | ㅇ ㄱ ㅅ |은 고향에서 만세 운동을 이끌었다.
- 교과 | ㅇ ㄱ ㅅ |은 끝까지 일본에 당당하게 맞섰다.
- 일반 삼일절에 영화 '| ㅇ ㄱ ㅅ |'을 보았다.

ㅌ ㅅ

태양에서 여섯 번째로 먼 행성.

- 교과 ㅌ ㅅ 은 태양계에서 두 번째로 큰 행성이다.
- 교과 ㅌ ㅅ 의 둘레에는 아름다운 고리들이 있다.
- 교과 ㅌ ㅅ 의 주위를 도는 위성은 100개보다 많다.

193 언어

난이도 ★★☆

학습 체크 ✓1회 2회 3회

ㄱ ㅈ

어떤 것을 이루는 기본 틀, 뼈대.

뼈대를 튼튼히 하면 센 바람에도 끄떡없을 거야!

일반 이 글의 ㄱ ㅈ 는 단순하다.

일반 이 책은 자동차의 ㄱ ㅈ 를 자세히 보여준다.

일반 이 건물은 ㄱ ㅈ 가 특이하다.

194 예체능

ㅈ ㅅ

노랫말을 지음.

- 📖 애국가를 누가 ㅈ ㅅ 했는지 확실하지 않다.
- 📖 '어린이날 노래'의 ㅈ ㅅ 가 는 윤석중이다.
- 📘 그 가수는 자기 노래를 모두 ㅈ ㅅ · 작곡했다.

195 과학

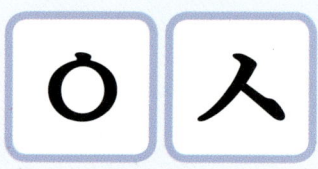

식물을 기르려고 빛과 온도를 조절할 수 있는 시설.

조명, 온도, 습도 모든 게 완벽해!

📖 열이 못 나가면 지구는 ㅇ ㅅ 처럼 더워진다.

📖 이산화탄소는 지구를 ㅇ ㅅ 같이 덥게 만든다.

📖 더운 지방의 꽃과 나무는 ㅇ ㅅ 에서 잘 자란다.

196 역사

옛날부터 전해져 내려오는 영웅이나 신에 관한 이야기.

쑥이랑 마늘만 먹고는 못 살아!

- 교과 ㅅㅎ 는 주로 나라를 세운 사람들의 이야기이다.
- 교과 단군 ㅅㅎ 는 고조선을 세운 단군의 이야기이다.
- 일반 나는 요즘 '그리스 로마 ㅅㅎ '를 읽고 있다.

197 언어

난이도 ★★☆ 학습 체크 ☑ 2회 3회

ㄱ ㄹ

어떤 일을 해결하려고 이리저리 생각함.

[일반] 아무리 ㄱ ㄹ 해도 좋은 방법이 생각나지 않았다.

[일반] 모두 모여서 어쩌면 좋을지 ㄱ ㄹ 해 보자.

[일반] 형은 숙제를 안 할 핑계만 ㄱ ㄹ 하고 있다.

 **198** 수학

눈금

수나 양을 잴 수 있게 그려진 금(선).

작년보다 10cm 더 컸네!

📖 물건의 한끝을 자의 눈금 0에 맞추세요.

📖 시계에서 큰 바늘이 가리키는 눈금을 읽어 보자.

📖 자의 눈금이 다 지워져서 새로 사야 한다.

199 사회

난이도 ★★★ | 학습 체크

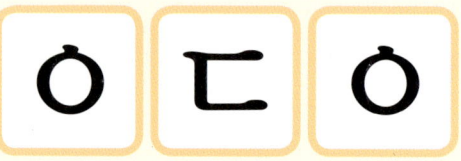

한여름의 열기가 밤에도 식지 않는 일.

📖 지구 온난화로 요즘 ㅇㄷㅇ 가 더 자주 생긴다.

📖 8월에는 ㅇㄷㅇ 가 며칠 동안 이어진다.

📖 나는 ㅇㄷㅇ 때문에 거의 못 잤다.

 ## 사회

많은 사람의 의견대로 결정하는 것.

교과 민주 사회에서는 ㄷㅅㄱ 로 정한다.

교과 ㄷㅅㄱ 로 정하기 전에 충분히 대화해야 한다.

일반 무엇을 먹을지 ㄷㅅㄱ 로 정하자.

도전! 초등 어휘왕

1. 서로 어울리는 단어와 뜻을 선으로 연결해 보세요.

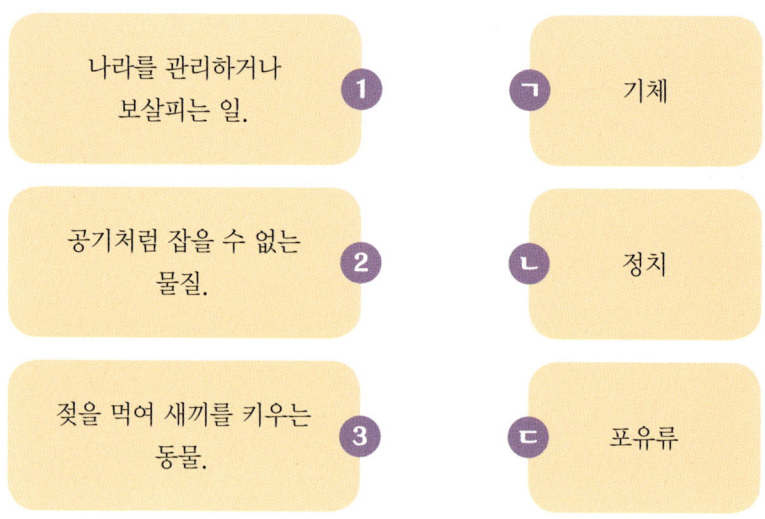

2. 다음 문장에서 빈칸에 들어갈 알맞은 단어를 고르세요.

한 가수가 ☐ 한 가사가 정말 감동적이다.

① 작사　　② 작곡　　③ 편곡　　④ 장사

3. 다음 그림이 설명하는 단어를 아래 글자 중 두 개를 골라 완성해 보세요.

축 추 전 구 천

정답:

4. 다음 문장에서 맞춤법이 틀린 부분을 찾아 바르게 고치세요.

며칠 동안 궁니해 봤지만, 해결책이 없다.

그림일기

그림을 색칠해 재민이의 일기를 완성해 보아요.

20___년___월___일

냥이가 뮤지컬 배우가 된 꿈을 꿨다. 큰 무대 위에서 떨지도 않고 노래를 부르는데 정말 멋졌다! 오늘 저녁에 노래 한 곡 불러달라고 하고 싶은데, 자연스럽게 부탁할 방법 없을까? 냥이의 노래를 들을 수 있도록 저녁까지 방법을 궁리해 봐야겠다.

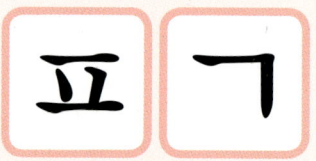

산이나 강 따위의 자연 모습이나 어떤 장소의 모습.

일반 단풍이 물든 산의 ｜ 프 ｜ ㄱ ｜ 은 그림처럼 아름답다.

일반 시골 마을의 아침 ｜ 프 ｜ ㄱ ｜ 은 평화로웠다.

일반 창문 밖으로 거리의 ｜ 프 ｜ ㄱ ｜ 을 내다보았다.

202 예체능

난이도 ★☆☆

ㅇ ㄹ ㄹ

우리나라 대표 민요인데 지방마다 다름.

- 교과) ㅇ ㄹ ㄹ 고개로 넘어간다.
- 교과) 정선, 밀양, 진도에는 각각 ㅇ ㄹ ㄹ 이 있다.
- 일반) 외국에서 ㅇ ㄹ ㄹ 을 들으면 가슴이 울컥한다.

지구를 둘러싼 공기.

📖 나무는 ㄷ ㄱ 의 먼지를 빨아들인다.

📖 ㄷ ㄱ 에는 질소가 가장 많다.

📖 오늘은 ㄷ ㄱ 질 이 나쁘니 마스크를 쓰자.

난이도 ★☆☆ | 학습 체크 ☑ 2회 3회

ㅇㅇㅅㅌㅇ

상대성 원리를 발표한 천재 과학자.

교과 ㅇㅇㅅㅌㅇ 은 물리학자이다.

교과 ㅇㅇㅅㅌㅇ 은 시간의 길이가 달라진다고 했다.

일반 우리 형은 ㅇㅇㅅㅌㅇ 같은 천재다.

  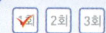

205 과학

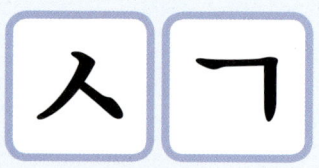

하나의 세포로 된 아주 작은 균.

[교과] ㅅ ㄱ 은 짧은 시간에 많은 수로 늘어난다.

[교과] 요구르트에 있는 유산균은 몸에 좋은 ㅅ ㄱ 이다.

[일반] ㅅ ㄱ 은 우리 주변 어디에나 있다.

206 사회

난이도 ★☆☆ | 학습 체크 ✓ 2회 3회

ㅈ ㅎ ㅇ

못 쓰게 된 물건을 다시 사용함.

이건 헌 옷을 다시 사용해서 만든 옷이야!

짜자안~

[교과] ㅈ ㅎ ㅇ 은 환경 오염을 막는 데 도움이 된다.

[교과] 유리는 ㅈ ㅎ ㅇ 이 쉬우니 함부로 버리지 말자.

[일반] 나는 우유갑을 ㅈ ㅎ ㅇ 해서 딱지를 접었다.

ㅈ ㅅ

끝없이 늘인 곧은 선.

- 📖 평행한 두 ㅈ ㅅ 은 만나지 않는다.
- 📖 두 점을 지나는 ㅈ ㅅ 은 하나로 정해진다.
- 📖 집과 학교까지의 ㅈ ㅅ 거리는 백 미터다.

208 과학

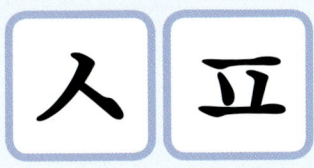

식물, 동물의 몸을 이루는 가장 작은 조각.

📖 동물과 식물의 ㅅㅍ 는 모습이 크게 다르다.

📖 ㅅㅍ 는 너무 작아서 맨눈으로 보기 어렵다.

📖 코끼리는 쥐보다 ㅅㅍ 수가 더 많다.

209 역사

난이도 ★★☆ 학습 체크

ㅈ ㅅ

1392년에서 1910년까지 우리 땅에 있었던 나라.

- 교과 이성계는 고려를 무너뜨리고 ㅈ ㅅ 을 세웠다.
- 교과 순종은 ㅈ ㅅ 의 마지막 왕이다.
- 일반 우리는 ㅈ ㅅ 의 궁궐인 경복궁에 갔다.

언어

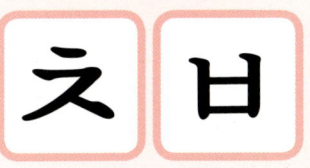

어떤 곳에서 밖으로 내밀어 쫓아냄.

- 일반 모두의 관심으로 학교 폭력을 ㅊㅂ 하자.

- 일반 규칙을 어기면 모임에서 ㅊㅂ 된다.

- 일반 미국에 몰래 들어가려다 잡히면 ㅊㅂ 당한다.

211 사회

ㅁ ㅇ

나무, 기름 등이 탈 때 생기는 검은 연기.

- 📖 ㅁ ㅇ 은 환경 오염의 원인이다.
- 📖 공장의 ㅁ ㅇ 은 대기질을 나쁘게 만든다.
- 📖 시골에 오니 자동차 ㅁ ㅇ 이 훨씬 덜했다.

실제로 씀.

이 국자 받침대, 정말 쓰기 좋은걸!

일반 이 로봇은 ㅅ ㅇ 성 이 많이 높아졌다.

일반 물건은 싸고 ㅅ ㅇ 적 이어야 잘 팔린다.

일반 설명서는 쉽고 ㅅ ㅇ 적 으로 써야 한다.

ㅅ ㅈ ㄱ

물이 증발해서 기체로 되어 있는 것.

📖 물이 열을 받아서 끓으면 ㅅ ㅈ ㄱ 가 된다.

📖 공기 중에 ㅅ ㅈ ㄱ 가 많으면 날씨가 습하다.

📖 뜨거운 물을 틀자, 욕실은 ㅅ ㅈ ㄱ 로 가득 찼다.

| 난이도 | 학습 체크 |

나라와 나라 사이의 일.

교과 일본은 조선의 ㅇ ㄱ 권 을 빼앗았다.

교과 ㅇ ㄱ 관 은 외국에서 자기 나라를 대표한다.

일반 요즘 미국과 중국의 ㅇ ㄱ 관계가 안 좋다.

215 사회

ㅇ ㅂ

앞으로 일어날 일을 미리 알림.

교과 일기 ㅇ ㅂ 는 앞으로의 날씨를 알려주는 것이다.

교과 태풍의 움직임을 알려주는 것은 태풍 ㅇ ㅂ 이다.

일반 기상청에서는 추위가 심할 것이라고 ㅇ ㅂ 했다.

 216 사회

난이도 ★★★ | 학습 체크 ✓ 2회 3회

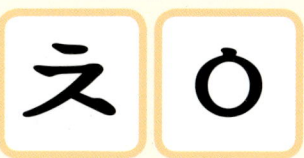

자연 그대로의 것.

📖 옛날에는 풀 같은 ㅈ ㅇ 재료로 옷을 물들였다.

📖 석유와 가스는 ㅈ ㅇ 자원이다.

📖 토요일에 우리 가족은 ㅈ ㅇ 동굴에 놀러 갔다.

난이도 ★★★ | 학습 체크

217 과학

ㄱ ㄷ

바다 표면을 0으로 할 때의 높이.

📖 그림자는 태양의 ㄱ ㄷ 가 가장 높은 낮에 짧다.

📖 ㄱ ㄷ 가 높은 산에서는 숨을 쉬기 힘들다.

📖 비행기는 ㄱ ㄷ 를 높이며 하늘로 날아올랐다.

 ## 사회

한 사람이 힘을 갖고 모든 일을 정하는 것.

- 히틀러는 악랄한 ㄷ ㅈ 자이다.
- 4·19 혁명은 ㄷ ㅈ 정권을 무너뜨렸다.
- 형은 ㄷ ㅈ 자처럼 모든 일을 마음대로 정한다.

219 언어

난이도 ★★★ | 학습 체크

일을 할 때 거쳐야 하는 순서.

재민아, 물부터 끓여야지!

일반 새 제품은 테스트 ㅈ ㅊ 를 거친 다음 판매된다.

일반 오늘부터 공항에서 입국 ㅈ ㅊ 가 까다로워졌다.

일반 제사를 지내는 ㅈ ㅊ 는 생각보다 복잡하다.

 ## 220 사회

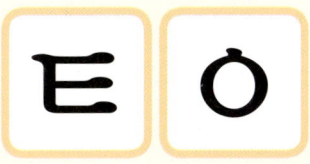

바위, 돌이 부서져 땅에 쌓인 흙.

- 교과 ㅌㅇ 이 좋아야 농사가 잘된다.
- 교과 ㅌㅇ 의 색은 장소에 따라 조금씩 다르다.
- 일반 운동장과 놀이터의 ㅌㅇ 을 비교해 보자.

도전! 초등 어휘왕

1. 서로 어울리는 단어와 뜻을 선으로 연결해 보세요.

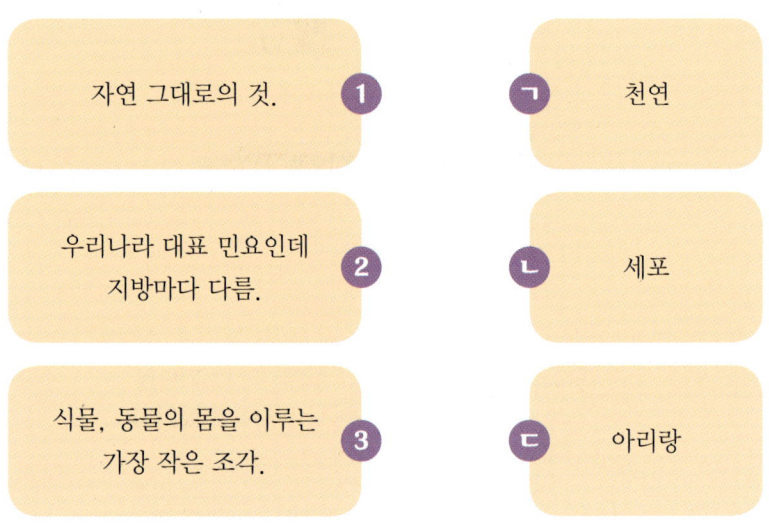

2. 다음 문장에서 빈칸에 들어갈 알맞은 단어를 고르세요.

8월 내내 무더위가 이어진다는 기상청의 ☐ (이)가 있었다.

① 예상　　② 예보　　③ 선포　　④ 예언

3. 다음 그림이 설명하는 단어를 아래 글자 중 두 개를 골라 완성해 보세요.

| 생 | 균 | 세 | 새 | 군 |

정답 :

4. 다음 문장에서 맞춤법이 틀린 부분을 찾아 바르게 고치세요.

물을 주전자에 넣고 끓이자, 금세 수중기로 변했다.

한자어

한자어를 익히고 따라 써 보아요.

직선(直線)

=

곧은 선.

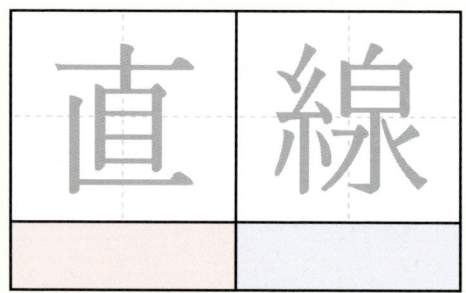

221 언어

난이도 ★☆☆   학습 체크 ☑ 2회 3회

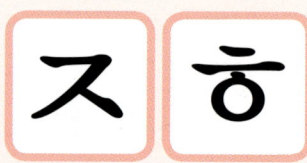

앞과 뒤, 먼저와 나중을 함께 부르는 말.

일반 그네를 타면 몸이 ㅈ ㅎ 로 움직인다.

일반 식사 ㅈ ㅎ 에는 힘든 운동을 피하는 게 좋다.

일반 엄마는 ㅈ ㅎ 사정을 묻지도 않고 나를 혼냈다.

물과 땅, 양쪽에서 사는 동물.

교과 ㅇ ㅅ ㄹ 는 알을 낳고, 피부가 미끈미끈하다.

교과 개구리와 두꺼비는 ㅇ ㅅ ㄹ 이다.

일반 ㅇ ㅅ ㄹ 같이 물과 땅 모두에서 가는 차가 있다.

 ## 223

ㄴ ㅊ

농사짓는 사람들이 모여 사는 마을.

- 교과 ㄴ ㅊ 은 넓은 땅이 있는 곳에 발달한다.
- 교과 촌락에는 ㄴ ㅊ , 어촌, 산촌 등이 있다.
- 일반 나는 ㄴ ㅊ 에 가서 열매 따기를 체험했다.

224 언어

ㅊ ㅊ

어떤 일에 대해 생각과 상상으로 짐작함.

일반 이번 사건의 원인은 ㅊ ㅊ 하기 어렵다.

일반 하늘이 어두워져 곧 비가 올 것으로 ㅊ ㅊ 된다.

일반 내 ㅊ ㅊ 이 맞다면 누나가 범인일 것이다.

 **225** 인물

| ㅇ | ㄷ | ㅅ |

미국의 대표적인 발명왕.

교과 ㅇ ㄷ ㅅ 은 전구를 만드는 데 성공했다.

교과 ㅇ ㄷ ㅅ 의 발명품은 천 종류가 넘는다.

일반 우리도 ㅇ ㄷ ㅅ 같이 실패를 두려워하지 말자.

226 과학

| ㅁ | ㅂ |

핏줄의 떨림이 느껴지는 것.

📖 | ㅁ | ㅂ |으로 심장의 상태를 알 수 있다.

📖 운동을 하면 | ㅁ | ㅂ |이 빨리 뛴다.

📖 손목 안쪽에 손가락을 대면 | ㅁ | ㅂ |이 느껴진다.

227 언어

난이도 ★★☆ | 학습 체크 ✓ 2회 3회

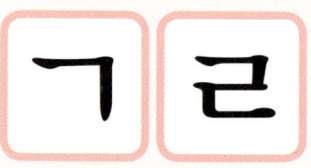

노인을 공손히 받들어 모심.

일반 노인을 존경하는 ㄱ ㄹ 사 상 은 훌륭한 전통이다.

일반 우리 마을은 어버이날에 ㄱ ㄹ 잔치를 열었다.

일반 아파트마다 어르신들을 위한 ㄱ ㄹ 당 이 있다.

 228 과학

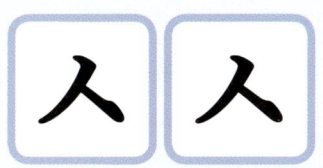

태양 주위를 가장 가까이에서 돌고 있는 행성.

[교과] ㅅ ㅅ 은 달보다 약간 크다.

[교과] ㅅ ㅅ 은 88일 만에 태양을 한 바퀴 돈다.

[일반] ㅅ ㅅ 의 영어 이름은 '머큐리'다.

골짜기나 강을 막아 물을 모아 놓은 둑.

ㄷ 은 홍수나 가뭄을 막아준다.

ㄷ 을 이용해 전기를 만들 수 있다.

소양강 ㄷ 은 우리나라에서 가장 크다.

230 역사

ㄷ ㅁ

한편이 되어 행동하기로 약속함.

교과 신라와 백제는 ㄷ ㅁ 을 맺고 고구려에 맞섰다.

교과 한국과 미국은 ㄷ ㅁ 관계이다.

일반 형은 나와의 ㄷ ㅁ 을 깨고 누나 편을 들었다.

231 언어

말과 글의 내용을 짧게 줄임.

 ㅇ ㅇ 할 때는 중요한 부분만 간추려야 한다.

 이야기의 줄거리를 세 줄로 ㅇ ㅇ 하세요.

 책을 읽고 ㅇ ㅇ 하면 나중에 기억이 잘 난다.

232 예체능

노래를 도와주는 악기를 연주하는 것.

[교과] 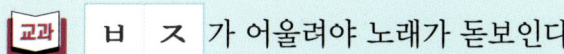 ㅂ ㅈ 가 어울려야 노래가 돋보인다.

[교과] ㅂ ㅈ 소리는 노래보다 크지 않아야 한다.

[일반] 우리는 피아노 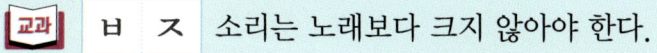 ㅂ ㅈ 에 맞춰 노래했다.

233 수학

표 ㄱ

여러 수의 중간 정도의 값.

교과 1, 2, 3의 표 ㄱ 값은 2이다.

일반 의학의 발달로 인류의 표 ㄱ 수명이 길어졌다.

일반 우리 형 키는 6학년 표 ㄱ 보다 큰 편이다.

ㅂ ㅈ ㅅ

물, 바람, 열의 힘으로 전기를 일으키는 곳.

교과 수력 ㅂ ㅈ ㅅ 는 물의 힘으로 전기를 일으킨다.

교과 풍력 ㅂ ㅈ ㅅ 는 바람의 힘으로 전기를 일으킨다.

일반 ㅂ ㅈ ㅅ 는 사람들이 살지 않는 곳에 만든다.

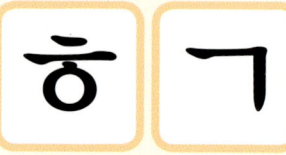

일하는 사람에게 일을 그만두게 하는 것.

- 회사는 정식 직원을 마음대로 ㅎ ㄱ 할 수 없다.
- 아르바이트 직원들은 쉽게 ㅎ ㄱ 되곤 한다.
- 그는 게으르게 일하다가 결국 ㅎ ㄱ 되었다.

사회

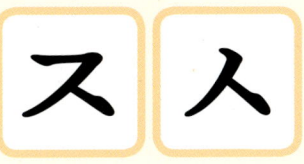

조상 또는 신께 음식을 올리고 정성을 쏟는 일.

- 교과 옛날 사람들은 하늘에 ㅈ ㅅ 를 지냈다.
- 교과 ㅈ ㅅ 상 을 차리는 방식은 집집마다 다르다.
- 일반 친척들이 모여서 할아버지 ㅈ ㅅ 를 지냈다.

237 언어

| 프 | ㄱ |

어떤 일을 맡긴 사람을 보냄.

- **일반** 한국은 이번 올림픽에 선수 300명을 | 프 | ㄱ | 했다.

- **일반** 아버지는 한 달 동안 해외로 | 프 | ㄱ | 근무를 가셨다.

- **일반** 인질을 구출하기 위해 특공대가 | 프 | ㄱ | 되었다.

ㄱ ㅁ ㅇ

경찰관처럼 모두를 위한 일을 하는 사람.

📖 ㄱ ㅁ ㅇ 은 나라에서 월급을 받는다.

📖 조선 시대 궁에서 일하던 사람도 ㄱ ㅁ ㅇ 이다.

📘 고모는 ㄱ ㅁ ㅇ 시험에 합격했다.

239 언어

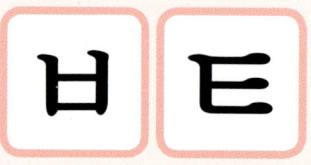

다른 사람의 재산, 권리를 빼앗음.

- 교과 | 1905년 일본은 우리의 외교권을 ㅂ ㅌ 했다.
- 일반 | 도적 떼는 사람들의 재물을 ㅂ ㅌ 했다.
- 일반 | 그는 부자들에게 ㅂ ㅌ 감을 느꼈다.

 240 사회

정보나 소식을 주고받음.

교과 전화기의 발명으로 ㅌㅅ 은 빠르게 발전했다.

교과 편지는 옛날 사람들의 중요한 ㅌㅅ 방법이었다.

일반 이번 달 ㅌㅅ 요금이 너무 많이 나왔다.

도전! 초등 어휘왕

1. 서로 어울리는 단어와 뜻을 선으로 연결해 보세요.

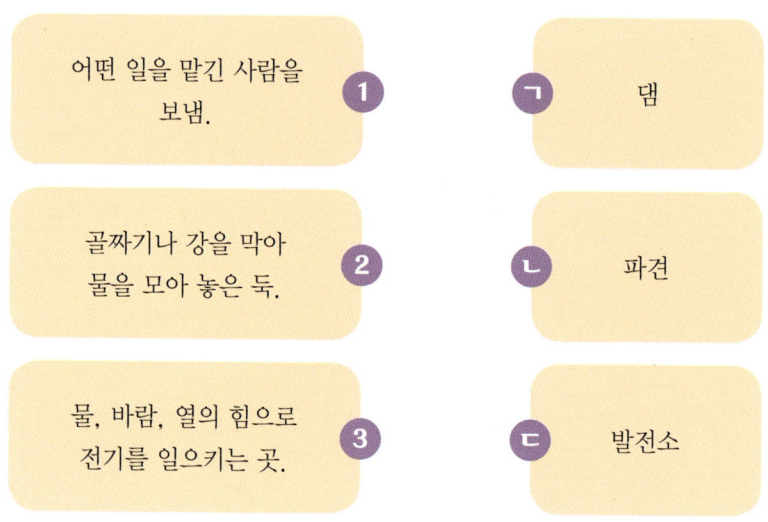

2. 다음 문장에서 빈칸에 들어갈 알맞은 단어를 고르세요.

생년월일로 비밀번호를 만들면 ☐ 하기 쉬워서 안 돼.

① 표현   ② 추측   ③ 측정   ④ 요약

3. 다음 그림이 설명하는 단어를 아래 글자 중 두 개를 골라 완성해 보세요.

| 해 | 회 | 교 | 공 | 고 |

정답 :

4. 다음 문장에서 맞춤법이 틀린 부분을 찾아 바르게 고치세요.

할머니 재사를 지내야 해서, 학교 끝나고 곧장 집으로 갔다.

더 알아보기

에디슨에 대해 자세히 알아보아요.

"천재는 1%의 영감과 99%의 노력으로 이루어진다."라는 명언을 남긴 **토머스 에디슨(1847~1931)**은 무려 1,000여 개의 특허를 가진 발명왕이에요. 에디슨은 전화기, 백열전등, 축음기 등 인류 역사에 오래도록 남을 만한 멋진 발명품들을 만들어 냈지요. 하지만 천재라 불리는 에디슨도 실패 없이 성공을 이뤄낸 것은 아니었는데요, 실패를 두려워하지 않고 끊임없이 도전해 결국에는 멋진 성공을 이루었답니다.

예체능

난이도 ★☆☆ | 학습 체크 ✓1회 2회 3회

ㅇ ㄹ ㅍ

세계 여러 나라가 모여서 하는 운동 경기.

[교과] ㅇ ㄹ ㅍ 은 아주 먼 옛날 그리스에서 시작했다.

[교과] ㅇ ㄹ ㅍ 에는 국가 대표 선수들이 나간다.

[일반] 우리 가족은 모두 모여 ㅇ ㄹ ㅍ 경기를 보았다.

 242 언어

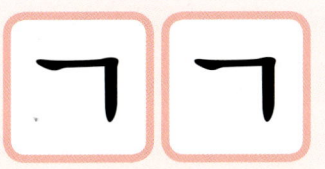

다른 사람의 기분을 함께 느낌.

일반 지금 형이 왜 기분 나쁜지 ㄱ ㄱ 할 수 없다.

일반 즐거운 대화가 되려면 서로 ㄱ ㄱ 해야 한다.

일반 나는 주인공의 슬픔에 ㄱ ㄱ 했다.

243  과학

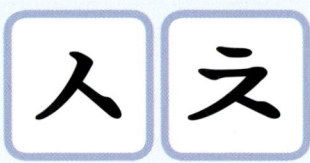

어떤 것이 줄어들고 작아짐.

📖 심장은 ㅅ ㅊ 과 팽창을 반복한다.

📖 젖은 가죽을 말리면 ㅅ ㅊ 한다.

📖 건조기에 넣은 바지가 ㅅ ㅊ 되어 못 입게 되었다.

난이도 ★☆☆ | 학습 체크

ㄱ ㄹ

후삼국을 통일하고 왕건이 세운 나라.

꼬레아! 꼬레아!

교과 ㄱ ㄹ 는 빛나는 문화유산을 많이 남겼다.

교과 ㄱ ㄹ 시대에는 처음으로 과거 시험을 실시했다.

일반 우리는 박물관에서 ㄱ ㄹ 청 자 를 보았다.

245 **사회**

난이도 ★☆☆ | 학습 체크

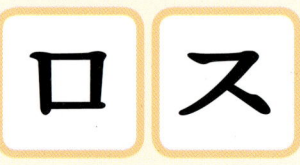

같은 말을 쓰며 오랫동안 함께 살아온 사람들.

옛날부터 흰옷을 즐겨 입던 우리나라 사람들을 '백의○○'이라고 부르지!

[교과] 우리 ㅁㅈ은 '한 ㅁㅈ'이라고 불린다.

[교과] 같은 ㅁㅈ 끼리는 모습과 생각이 비슷하다.

[일반] 미국에서는 여러 ㅁㅈ 이 섞여 산다.

과학

ㅊ ㅁ ㄷ

하늘을 살펴보고 공부하는 장소.

📖 ㅊ ㅁ ㄷ 에 가면 아주 큰 망원경이 있다.

📖 ㅊ ㅁ ㄷ 는 보통 산 위에 있다.

📖 나는 ㅊ ㅁ ㄷ 에 가서 별자리를 보았다.

ㅂ ㄱ

서로 무엇이 어떻게 다른지 따지는 것.

- 📖 두 수의 크기를 ㅂ ㄱ 하시오.

- 📖 동물과 식물의 세포를 ㅂ ㄱ 해 보자.

- 📖 나는 두 자전거를 ㅂ ㄱ 한 뒤 하나를 골랐다.

 # 248 과학

난이도 ★★☆ | 학습 체크 ✓1회 2회 3회

ㄱ ㅈ

빛이 나아가다가 꺾이는 일.

무지개 만드는 건, 무~지 쉽지!

교과 젓가락을 물에 넣으면 ㄱ ㅈ 되어 보인다.

교과 무지개는 빛의 ㄱ ㅈ 때문에 생긴다.

일반 돋보기는 햇빛을 ㄱ ㅈ 시켜 하나로 모았다.

249 사회

| 판 | 사 |

재판에서 사건을 판단하여 결과를 정하는 사람.

- 교과) 판 사 는 검사와 변호사의 의견을 듣고 결정한다.
- 교과) 판 사 는 법에 따라 판단을 내려야 한다.
- 일반) 판 사 는 결정할 때 판결문을 읽는다.

250 언어

난이도 ★★☆ | 학습 체크 ☑1회 2회 3회

| ㄴ | ㄹ |

사실이나 원칙에 맞는 생각을 하는 것.

일반 철로 금을 만들 수 있다는 | ㄴ | ㄹ | 는 맞지 않다.

일반 그의 설명은 | ㄴ | ㄹ | 적 | 이어서 이해가 잘 된다.

일반 과학 시험에는 | ㄴ | ㄹ | 력 | 을 평가하는 문제가 많다.

313

251 역사

ㅇ ㅁ

조상들이 남긴 물건.

[교과] 우리 조상들은 많은 ㅇ ㅁ 을 남겼다.

[교과] 고려청자는 대표적인 고려 시대 ㅇ ㅁ 이다.

[일반] 이번 지진으로 여러 ㅇ ㅁ 이 망가졌다.

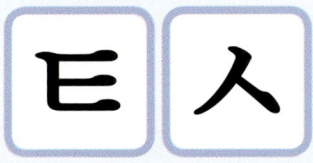

잘 알려지지 않은 것을 자세히 알아보는 일.

- 교과 | 아폴로 11호는 최초로 달 ㅌ ㅅ 에 성공했다.
- 교과 | 세계 여러 나라가 우주 ㅌ ㅅ 에 도전하고 있다.
- 일반 | 우리는 체험 학습으로 동굴 ㅌ ㅅ 를 갔다.

 253 언어

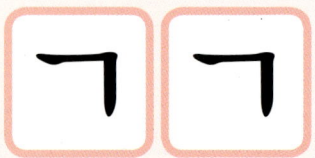

어느 한 곳에서 다른 한 곳까지.

일반 마라톤 선수는 아주 긴 ㄱ ㄱ 을 달린다.

일반 도로의 몇몇 ㄱ ㄱ 에서 차가 막힌다.

일반 이 등산로는 세 ㄱ ㄱ 으로 되어 있다.

난이도 ★★☆ | 학습 체크

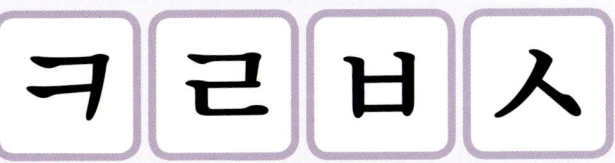

배를 타고 인도로 가려다 아메리카에 도착한 탐험가.

아메리카

📖 교과 ㅋ ㄹ ㅂ ㅅ 는 이탈리아에서 태어났다.

📖 교과 ㅋ ㄹ ㅂ ㅅ 는 지구가 둥글다는 것을 믿었다.

📖 일반 나는 ㅋ ㄹ ㅂ ㅅ 같은 탐험가가 되고 싶다.

255 사회

난이도 ★★☆ | 학습 체크

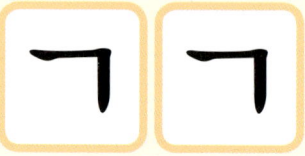

한 나라 땅의 가장자리.
두 나라가 만나는 곳.

📕 중국과 러시아는 ㄱ ㄱ 이 닿아 있다.

📕 세종 대왕 때 조선의 ㄱ ㄱ 은 북쪽으로 올라갔다.

📗 두 나라의 대통령은 ㄱ ㄱ 에서 만났다.

ㄱ ㅂ

힘에 눌려 머리를 굽히고 남을 따름.

- 적에게 ㄱ ㅂ 하지 말고 끝까지 맞서 싸우자.
- 형의 힘에 눌려 나는 ㄱ ㅂ 하고 말았다.
- 그는 가난에 ㄱ ㅂ 하지 않았다.

 **257** 사회

ㄱ ㅅ

철, 금, 은 따위를 캐내는 곳.

- ㄱㅅ 은 철, 금, 은 등이 풍부한 곳에서 발달한다.
- ㄱㅅ 도시였던 태백시는 관광지로 변신했다.
- 한 ㄱㅅ 이 무너져 광부들이 다쳤다.

258 과학

더위나 추위를 피하려고 철에 따라 옮겨 다니는 새.

- 기러기는 겨울 ㅊ ㅅ 다.
- 텃새는 ㅊ ㅅ 와 반대로 한 곳에서 계속 산다.
- ㅊ ㅅ 들이 무리 지어 날아간다.

259 언어

ㄱ ㅁ

부지런히 열심히 일함.

일반 ㄱ ㅁ 한 사람은 뭐든지 해낼 수 있다.

일반 전쟁 후 우리 민족은 ㄱ ㅁ 으로 가난을 벗어났다.

일반 'ㄱ ㅁ'의 반대말은 '게으름'이다.

사회

난이도 ★★★ | 학습 체크

나라의 일을 의논하고 법을 정하는 곳.

- 교과 ㄱ ㅎ 는 대통령이 일을 잘하는지 살핀다.
- 교과 ㄱ ㅎ 는 나라의 돈을 어디에 쓸지 정한다.
- 교과 ㄱ ㅎ 의원은 4년마다 선거로 뽑는다.

도전! 초등 어휘왕

1. 서로 어울리는 단어와 뜻을 선으로 연결해 보세요.

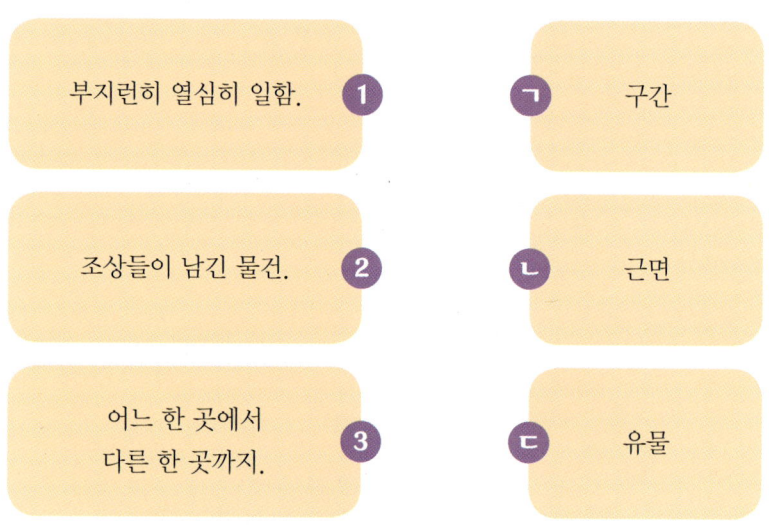

2. 다음 문장에서 빈칸에 들어갈 알맞은 단어를 고르세요.

주장을 펼칠 때는 [　　　] 근거를 함께 제시해야 해.

① 이상적　② 모순적　③ 논리적　④ 감성적

3. 다음 그림이 설명하는 단어를 아래 글자 중 두 개를 골라 완성해 보세요.

| 광 | 공 | 강 | 산 | 살 |

정답:

4. 다음 문장에서 맞춤법이 틀린 부분을 찾아 바르게 고치세요.

이번 방학에는 청문대에 가서 밤하늘을 관측해 볼 거야.

그림일기

그림을 색칠해 영지의 일기를 완성해 보아요.

20___년___월___일

오늘 저녁에는 가족들과 다 같이 모여 올림픽을 봤다! 시상식에서 금메달을

딴 선수가 기쁨의 눈물을 흘리는데, 얼마 전 체육대회 때 계주에서 1등 한

뒤 기뻐서 울었던 게 생각나서 선수의 마음에 공감됐다. 그래서인지 나도

눈물을 흘릴 뻔했지만 꾹 참았다. 멋진 초등학생이라면 눈물도 참을 줄 알

아야 하니까!

 **261** 과학

난이도 ★☆☆ 학습 체크

새를 통틀어 부르는 말.

교과 ㅈㄹ 의 몸은 깃털로 덮여 있다.

교과 ㅈㄹ 의 입은 '부리'라고 부른다.

일반 닭, 참새, 까치 등은 모두 ㅈㄹ 이다.

 262 언어

| ㅇ | ㄱ |

급한 문제를 처리함.

일반 지진 같은 | ㅇ | ㄱ | 상황에서는 침착해야 한다.

일반 그 환자는 | ㅇ | ㄱ | 치료를 받고 괜찮아졌다.

일반 밤에 갑자기 동생이 열이 나서 | ㅇ | ㄱ | 실 | 에 갔다.

 263 역사

| ㅂ | ㅈ |

삼국 시대에 있던 나라로 온조왕이 세움.

교과 | ㅂ | ㅈ | 는 삼국 중에서 가장 먼저 한강을 차지했다.

교과 | ㅂ | ㅈ | 는 근초고왕 때 땅이 가장 넓었다.

일반 우리 가족은 | ㅂ | ㅈ | 문화체험박물관에 갔다.

264 사회

ㅇ ㅂ

어떤 일이 일어나지 않게 미리 막음.

질병을 막으려면 어쩔 수 없으니 참아!

📖 강물이 넘치는 것을 ㅇ ㅂ 하려고 둑을 쌓는다.

📖 주위를 잘 살피면 사고를 ㅇ ㅂ 할 수 있다.

📘 나는 어제 독감 ㅇ ㅂ 주사를 맞았다.

과학

난이도 ★☆☆

움직일 수 있게 하는 힘.
일할 수 있게 하는 힘.

교과 사람은 음식을 먹고 ㅇ ㄴ ㅈ 를 얻는다.

교과 바람으로 얻은 힘을 풍력 ㅇ ㄴ ㅈ 라고 한다.

일반 잠을 푹 자고 나니 다시 ㅇ ㄴ ㅈ 가 생겼다.

266 언어

| ㅍ | ㅇ |

어떤 것의 내용을 이해함.

- 주인공의 행동에 담긴 마음을 ㅍ ㅇ 해 보자.
- 문제의 뜻을 정확하게 ㅍ ㅇ 하고 풀어야 한다.
- 동생은 분위기를 ㅍ ㅇ 하지 못하고 웃었다.

ㅈ ㄹ

죽은 사람을 떠나보내는 일.

📕 옛날에는 ㅈ ㄹ 를 치르는 동안 삼베옷을 입었다.

📕 오늘날에는 ㅈ ㄹ 절차가 간단하게 바뀌었다.

📙 할머니가 돌아가시자 3일 동안 ㅈ ㄹ 를 치렀다.

공기가 축축한 정도.

📖 비가 오면 ㅅㄷ 가 높아 빨래가 마르지 않는다.

📖 ㅅㄷ 가 높으면 음식이 쉽게 상한다.

📘 오늘은 비가 와서 어제보다 ㅅㄷ 가 높다.

ㄱ ㅇ ㄷ

큰 돌을 여러 돌로 받친 옛날 무덤.

이건 청동기 시대의 대표적인 무덤이다옹.

꼭 책상같이 생겼네!

- 교과 우리나라에는 세계에서 가장 많은 ㄱ ㅇ ㄷ 이 있다.
- 교과 강화도 ㄱ ㅇ ㄷ 은 세계 문화유산이다.
- 일반 공원 한가운데에 ㄱ ㅇ ㄷ 이 있다.

 270 언어

ㅁ ㅎ

사람의 생각이나 감정을 말이나 글로 표현하는 예술.

교과 ㅁ ㅎ 작품에는 시, 소설, 수필 등이 있다.

일반 노벨 ㅁ ㅎ 상 은 세계적인 작가에게 주는 상이다.

일반 안데르센은 덴마크의 유명한 아동 ㅁ ㅎ 가 이다.

271 사회

난이도 ★★☆

ㅁ ㅇ

나라 간에 물건을 사고파는 일.

- 📕 교과 우리나라는 바다로 둘러싸여서 ㅁ ㅇ 하기 좋다.

- 📕 교과 중국과 미국은 우리의 주요 ㅁ ㅇ 국 이다.

- 📙 일반 ㅁ ㅇ 회사에 다니는 이모는 외국에 자주 간다.

서로 직각을 이룸.

교과 직사각형에서 변과 변은 ㅅ ㅈ 을 이룬다.

일반 방바닥과 벽이 서로 ㅅ ㅈ 으로 만난다.

일반 폭포가 땅에 ㅅ ㅈ 으로 떨어졌다.

 **273** 언어

난이도 ★★☆ 학습 체크 ✓1회 2회 3회

형, 누나, 오빠, 언니, 동생이 서로를 위하는 마음.

- 일반 | 우리 엄마와 이모는 ㅇㅇ 가 남다르다.
- 일반 | 형제가 ㅇㅇ 있게 지내야 부모님이 좋아하신다.
- 일반 | 이 이야기는 남매의 ㅇㅇ 를 다룬 동화이다.

ㅂ ㅅ

약하게 몸에 넣는 바이러스나 세균.

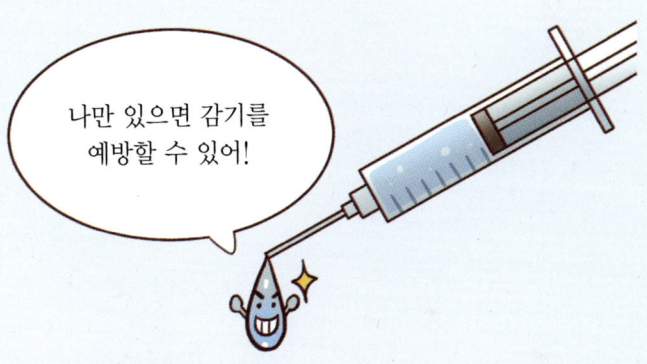

- 📖 ㅂ ㅅ 은 우리 몸이 병을 이길 힘을 갖게 해준다.
- 📖 파스퇴르는 ㅂ ㅅ 이라는 말을 처음으로 썼다.
- 일반 할머니는 독감 ㅂ ㅅ 을 맞으셨다.

275 사회

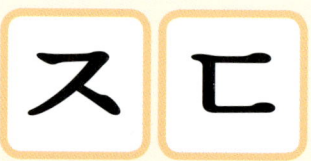

지구의 북쪽과 남쪽을 나누는 중심선.

여기 붉은 선으로 그어진 곳을 말한다옹!

📖 ㅈ ㄷ 에 가까울수록 덥고 비가 많이 온다.

📖 북극과 남극에서 ㅈ ㄷ 까지의 거리는 같다.

📖 우리나라는 ㅈ ㄷ 를 기준으로 북쪽에 있다.

276 언어

난이도 ★★★

ㅇ ㅈ

말이나 글에서 가장 중요한 내용.

일반 ㅇ ㅈ 이 분명한 글이 좋은 글이다.

일반 이 단원의 ㅇ ㅈ 이 맨 뒤에 정리되어 있다.

일반 바쁘니까 ㅇ ㅈ 만 간단히 말해 줄래?

277 사회

난이도 ★★★ | 학습 체크

지구가 점점 따뜻해지는 일.

📖 석탄과 석유 사용이 지구 ㅇㄴㅎ 를 일으킨다.

📖 지구 ㅇㄴㅎ 로 극지방의 얼음이 녹고 있다.

📘 나는 지구 ㅇㄴㅎ 의 해결법을 찾아보았다.

 **278** 인물

난이도 ★★★   학습 체크 ✓1회 2회 3회

고려를 멸망시키고 조선을 세운 왕.

📖 ㅇ ㅅ ㄱ 는 뛰어난 장수였다.

📖 ㅇ ㅅ ㄱ 는 수도를 한양(서울)으로 정했다.

📖 ㅇ ㅅ ㄱ 는 세종 대왕의 할아버지이다.

279 사회

| ㅇ | ㅅ |

필요한 돈을 미리 계산한 것.

교과 국가의 ㅇ ㅅ 은 국회에서 정한다.

일반 ㅇ ㅅ 을 세워야 낭비를 줄일 수 있다.

일반 생일잔치에 ㅇ ㅅ 보다 더 많은 돈이 들었다.

280 언어

난이도 ★★★ | 학습 체크 ☑1회 2회 3회

| ㅂ | ㄱ |

건강을 잘 지킴.

[일반] | ㅂ | ㄱ |법은 국민의 건강을 지키려고 만들어졌다.

[일반] | ㅂ | ㄱ | 선생님이 나의 다친 무릎을 치료했다.

[일반] 할머니는 | ㅂ | ㄱ | 소 |에서 예방 접종을 받으셨다.

도전! 초등 어휘왕

1. 서로 어울리는 단어와 뜻을 선으로 연결해 보세요.

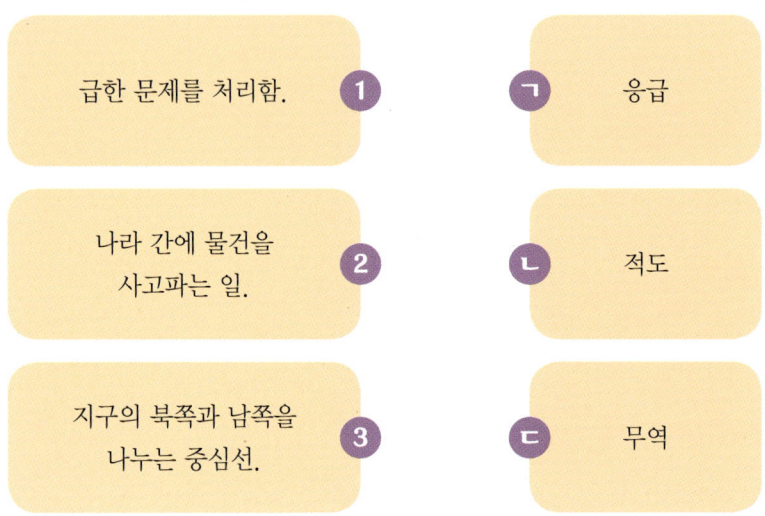

2. 다음 문장에서 빈칸에 들어갈 알맞은 단어를 고르세요.

감기를 ☐ 하기 위해서는 손을 잘 씻어야 해.

① 예방   ② 대처   ③ 대응   ④ 해결

3. 다음 그림이 설명하는 단어를 아래 글자 중 세 개를 골라 완성해 보세요.

| 고 | 교 | 인 | 돌 | 동 |

정답 :

4. 다음 문장에서 맞춤법이 틀린 부분을 찾아 바르게 고치세요.

아이고, 장래식장에 지갑을 놓고 왔네!

예산(豫算)

=

미리 셈(계산)을 하다.

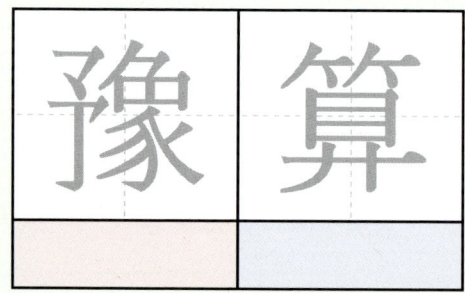

281 과학

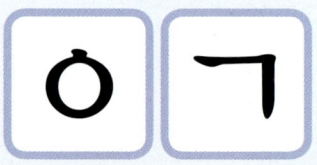

하얗게 땅 위에 떠 있는 아주 작은 물방울 무리.

| 교과 | ㅇ ㄱ 는 온도 변화가 클 때 잘 생긴다.

| 교과 | 아침에 ㅇ ㄱ 가 낀 날은 낮에 날씨가 맑다.

| 일반 | ㅇ ㄱ 낀 호숫가의 모습이 아름답다.

ㅂ ㄹ

같은 것끼리 모음.

- 일반 삼각형과 사각형으로 ㅂ ㄹ 하세요.

- 일반 책을 어른용과 어린이용으로 ㅂ ㄹ 해라.

- 일반 나는 뒤죽박죽 섞인 장난감을 ㅂ ㄹ 했다.

283 인물

난이도 ★☆☆ 학습 체크

일본으로부터 조선을 구한 장군.

교과 ㅇ ㅅ ㅅ 은 거북선을 만들어 바다에서 싸웠다.

교과 ㅇ ㅅ ㅅ 은 일본과의 모든 싸움에서 이겼다.

일반 나는 ㅇ ㅅ ㅅ 장군에 대한 책을 읽었다.

284 과학

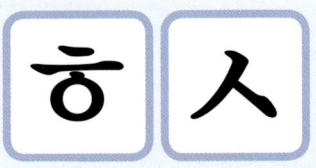

땅에서 솟은 뜨거운 용암이 굳어져 된 산.

- 📖 지진이 나면 근처의 ㅎ ㅅ 이 폭발하기도 한다.
- 📖 한라산과 백두산은 모두 ㅎ ㅅ 이다.
- 📖 엄마가 화내면 ㅎ ㅅ 이 폭발한 것 같이 무섭다.

285 사회

| ㅇ | ㅎ |

돈을 맡기거나 빌리는 곳.

- ㅇ ㅎ 은 돈을 빌려주고 이자를 받는다.
- 한국 ㅇ ㅎ 은 나랏돈의 양을 조절한다.
- 엄마는 돈을 찾으러 ㅇ ㅎ 에 갔다.

286 과학

난이도 ★★☆ | 학습 체크 ☑1회 2회 3회

| 팽 | 창 |

부풀면서 커짐.

📖 물체는 열을 얻으면 | 팽 | 창 | 한다.

📖 우주는 점점 | 팽 | 창 | 하고 있다.

📖 풍선을 불자 | 팽 | 창 | 하더니 결국 터졌다.

287 사회

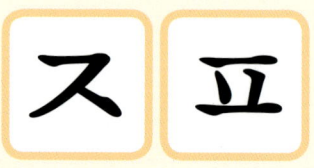

옳고 그름을 따져서 판사가 판단을 내리는 일.

교과 ㅈ ㅍ 이 이루어지는 곳은 법원이다.

교과 같은 사건으로 3번까지 ㅈ ㅍ 받을 수 있다.

일반 도둑질을 한 사람은 ㅈ ㅍ 받고 감옥에 갔다.

288 언어

병에 걸리지 않는 환경을 만들어 건강을 지키는 일.

- 더운 날씨에는 식품 ㅇ ㅅ 에 신경을 써야 한다.
- 시청에서는 음식점의 ㅇ ㅅ 상태를 점검한다.
- 열심히 손을 씻어서 개인 ㅇ ㅅ 을 철저히 하자.

 **289** 역사

| ㅅ | ㅂ |

사회에서 한 사람의 위치나 계급.

📖 옛날에는 태어날 때부터 ㅅ ㅂ 이 정해져 있었다.

📖 왕과 신하는 ㅅ ㅂ 이 다르다.

📖 학생 ㅅ ㅂ 에 맞게 행동해라.

예체능

난이도 ★★☆

ㅅ ㅇ

사람의 목소리로 표현하는 음악.

- [교과] 여럿이 하는 ㅅ ㅇ 은 합창이라고 한다.

- [교과] 판소리는 우리나라 전통의 ㅅ ㅇ 곡 이다.

- [일반] 우리는 한 ㅅ ㅇ 가 의 공연을 보았다.

291 사회

법에 따라 다툼을 해결하는 곳.

- 교과 ㅂ ㅇ 은 법을 어긴 사람들에게 벌을 준다.
- 교과 ㅂ ㅇ 이 있어야 사회의 질서가 유지된다.
- 일반 그는 재판을 받으러 ㅂ ㅇ 에 갔다.

292 언어

ㅁ ㅎ

손으로 만져지는 형태가 없음.

- 일반 판소리는 우리의 소중한 ㅁ ㅎ 문화이다.
- 일반 지식과 기술은 ㅁ ㅎ 의 재산이다.
- 일반 ㅁ ㅎ 의 반대말은 '유형'이다.

293 과학

ㅂ ㄹ

물체를 물에 뜨게 하는 힘.

물에 떠서 놀 수 있다는 건 행운이야~

📖 수영장에서 몸이 뜨는 것은 ㅂ ㄹ 때문이다.

📖 고무보트는 ㅂ ㄹ 이 커서 잘 뜬다.

📖 몸을 웅크릴 때보다 펼 때 ㅂ ㄹ 이 커진다.

ㅅ ㅂ

불나지 않게 미리 막거나 불을 끄는 일.

- 📖 학교는 반드시 ㅅ ㅂ 시설을 갖춰야 한다.
- 📖 ㅅ ㅂ 서 는 국가에서 운영한다.
- 📘 119 구급대원은 ㅅ ㅂ 관 으로 이루어진다.

 **295** 언어

난이도 ★★★ | 학습 체크

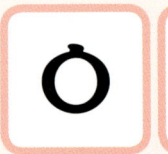 

한 생각에서 다른 생각을 떠올리는 일.

📖 일반 단어 ㅇ ㅅ 놀이로 어휘력을 기르자.

📖 일반 바나나 그림을 보고 ㅇ ㅅ 되는 단어를 쓰시오.

📖 일반 '비행기' 하면 무엇이 ㅇ ㅅ 되나요?

 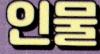  

ㄹ ㅋ

노예들을 해방한 미국의 16대 대통령.

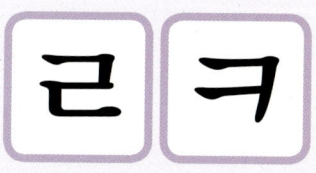

📖 1863년 ㄹ ㅋ 은 노예를 해방한다고 발표했다.

📖 ㄹ ㅋ 은 남북전쟁을 북부의 승리로 이끌었다.

📖 ㄹ ㅋ 은 너무 가난해서 학교에 다니지 못했다.

 사회

난이도 ★★★ 학습 체크 ✓1회 2회 3회

ㅌ ㅈ

원하는 것을 얻으려고 돈이나 시간을 씀.

- [교과] 국가는 미래를 위해 교육에 ㅌ ㅈ 한다.
- [교과] 회사는 ㅌ ㅈ 받은 돈으로 공장을 짓는다.
- [일반] 그는 수학 공부에 많은 시간을 ㅌ ㅈ 했다.

 298 언어

ㅂ ㅇ

원래 모습으로 돌려놓음.

- 작년에 무너진 탑을 모두 ㅂ ㅇ 했다.
- 지진으로 무너진 다리가 아직 ㅂ ㅇ 되지 않았다.
- 자연은 한번 파괴되면 ㅂ ㅇ 하기 어렵다.

 과학

ㄱ ㅈ

우주의 물체가 다른 물체 주위를 도는 것.

넌 나의 태양! 난 항상 네 주위를 돌지.

교과 지구는 태양을 일 년에 한 번 ㄱ ㅈ 한다.

교과 봄, 여름, 가을, 겨울은 지구의 ㄱ ㅈ 때문에 생긴다.

일반 동생은 달이 지구를 ㄱ ㅈ 하듯 내 주위를 돌았다.

300 사회

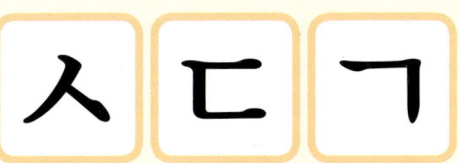

수도인 서울과 그 주변을 함께 부르는 말.

- 📖 ㅅㄷㄱ 에는 큰 도시들이 몰려 있다.
- 📖 ㅅㄷㄱ 에는 우리나라 인구의 절반이 산다.
- 📔 오늘 ㅅㄷㄱ 에는 눈이 내렸다.

도전! 초등 어휘왕

1. 서로 어울리는 단어와 뜻을 선으로 연결해 보세요.

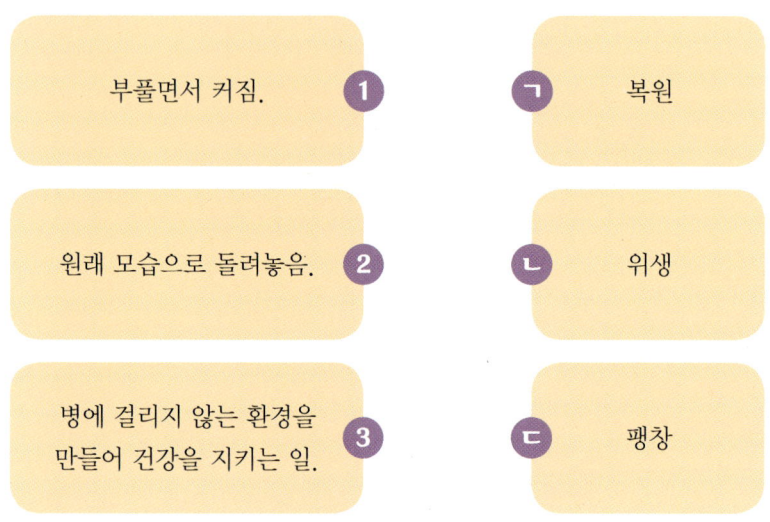

부풀면서 커짐.	1		ㄱ	복원
원래 모습으로 돌려놓음.	2		ㄴ	위생
병에 걸리지 않는 환경을 만들어 건강을 지키는 일.	3		ㄷ	팽창

2. 다음 문장에서 빈칸에 들어갈 알맞은 단어를 고르세요.

지구는 태양의 주위를 일정한 궤도를 따라 ☐ 한다.

① 자전   ② 표류   ③ 공전   ④ 유영

3. 다음 그림이 설명하는 단어를 아래 글자 중 두 개를 골라 완성해 보세요.

| 랭 | 링 | 킨 | 콘 | 컨 |

정답 :

4. 다음 문장에서 맞춤법이 틀린 부분을 찾아 바르게 고치세요.

오늘 축제에서 무영 문화유산 공연도 즐길 수 있대!

더 알아보기

이순신에 대해 자세히 알아보아요.

조선 시대의 무신 **이순신(1545~1598)** 장군은 일본의 침입으로부터 우리나라를 지키기 위해 힘썼어요. 임진왜란 당시 한산도대첩, 명량해전 등 불리한 싸움에서 큰 승리를 거둔 것은 물론이고 거북선, 학익진 전술과 같은 기발한 아이디어로 적군을 물리쳤답니다. 마지막 전투인 노량해전에서 이순신 장군은 적군의 총에 맞아 죽어가면서도 "지금 전쟁이 급하다. 내가 죽었다고 알리지 마라."라는 유언을 남기며 장군으로서의 책임감과 동시에 애국심까지 보여주었지요.

정답

도전! 초등 어휘왕
초성 퀴즈 대결

1라운드 정답

▶ **초성 퀴즈 대결**   p. 16~35

001	ㅎㅅ – 화성		002	ㄱㄹ – 권리
003	ㄱㅂ – 갯벌		004	ㅊㅈ – 측정
005	ㄱㅇ – 가열		006	ㅅㅈ – 상징
007	ㅇㄹ – 열람		008	ㄱㄹ – 고령
009	ㄱㅅ – 금성		010	ㄲㅌ ㄷㅇ – 광개토 대왕
011	ㅅㅁ – 서명		012	ㅈㅌ – 전통
013	ㄴㅇㅌ – 나이테		014	ㅍㄱ – 편견
015	ㅂㅎ – 보험		016	ㅇㅈ – 유적
017	ㅅㅎ – 선호		018	ㄱㄱ – 가공
019	ㅌㅈ – 퇴적		020	ㄱㅅ – 검사

▶ **도전! 초등 어휘왕**   p. 36~37

1.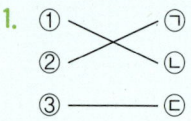

3. 서명

2. ④ 나이테

4. **갯벌**을 메워 사람이 살만한 땅으로 만든다.

2라운드 정답

▶ 초성 퀴즈 대결　　　　　　　　　　　p. 40~59

021	ㅅㅁㄹ – 실마리	022	ㄴㅇ – 노예
023	ㄷㅊ – 대출	024	ㅅㅈ ㄷㅇ – 세종 대왕
025	ㅈㅁ – 장마	026	ㅍㅁ – 판매
027	ㅈㄹ – 중력	028	ㅈㄹ – 전래
029	ㅈㄱ – 작곡	030	ㅈㅅ – 증상
031	ㄱㄷ – 각도	032	ㄴㄷ – 노동
033	ㅇㅇㅅㅅ – 오아시스	034	ㅁㅈ – 물질
035	ㅂㅅ – 번식	036	ㅇㅎ – 우화
037	ㄱㅍ – 교포	038	ㅅㅎ – 순환
039	ㅅㅇ – 상업	040	ㅂㅇ – 분업

▶ 도전! 초등 어휘왕　　　　　　　　　　p. 60~61

1.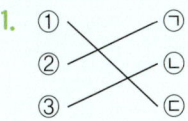

3. 순환

2. ② 중력

4. 대화로 문제의 **실마리**를 풀어 봅시다.

3라운드 정답

▶ 초성 퀴즈 대결   p.64~83

041	ㄷㄱ – 도구	042	ㄱㅅ – 곡선
043	ㅊㅅ – 추석	044	ㅇㅅ – 이슬
045	ㅅㅅㅇㄷ – 신사임당	046	ㄱㅎ – 견학
047	ㅇㅊ – 액체	048	ㅈㅈ – 점자
049	ㅊㅊ – 초조	050	ㅁㄹㅈㅅ – 만리장성
051	ㅅㅁ – 수명	052	ㄴㅂ – 노벨
053	ㅁㄱ – 물가	054	ㅅㄹ – 속력
055	ㅅㅅㅌ – 산사태	056	ㅊㅈ – 처지
057	ㅈㄱㄹ – 직거래	058	ㅅㄹ – 수력
059	ㅇㄹ – 음력	060	ㅂㄱ – 빈곤

▶ 도전! 초등 어휘왕   p.84~85

1.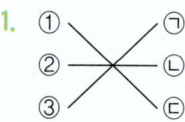

3. 액체

2. ③ 수명

4. 오랜만에 가는 <mark>견학</mark>이라 설레는 마음을 감출 수가 없다.

4라운드 정답

▶ 초성 퀴즈 대결   p. 88~107

061	ㄱㄱ – 간격	062	ㅂㅎㅅ – 변호사
063	ㄱㅊ – 고체	064	ㅊㅇ – 초원
065	ㅈㅅ – 자석	066	ㄱㅅ – 고속
067	ㅅㄹ – 신라	068	ㅈㅅ – 적성
069	ㅅㅌㄱ – 생태계	070	ㅇㅈ – 오전
071	ㅅㅇ – 선언	072	ㅌㅇㄱ – 태양계
073	ㅂㄷ – 분단	074	ㅎㄱ – 혈관
075	ㅈㅈ – 제조	076	ㄱㅇ – 기업
077	ㄱㅅ – 검소	078	ㅇㅁ – 유목
079	ㄱㅂ – 국보	080	ㅇㄷ – 약도

▶ 도전! 초등 어휘왕   p. 108~109

1.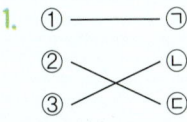

2. ③ 검소

3. 선언

4. **유목**민들은 초원에서 양, 말, 소 등을 기른다.

5라운드 정답

▶ 초성 퀴즈 대결   p. 112~131

081	ㄱㅎ – 균형	082	ㅅㄱ – 세금
083	ㅈㅅㅎ – 잠수함	084	ㄷㄹ – 둘레
085	ㄱㄱ – 감각	086	ㄱㅈ – 김장
087	ㄱㄷ – 구독	088	ㄱㄱㄹ – 고구려
089	ㄱㄱ – 근거	090	ㅈㅎ – 진화
091	ㄷㄱㅇㄱ – 단군왕검	092	ㅍㄴ – 풍년
093	ㅎㅅ – 황사	094	ㅇㄹ – 연료
095	ㅇㅁ – 의무	096	ㅂㅈ – 보전
097	ㅅㅊ – 수출	098	ㄴㄷ – 농도
099	ㅇㅈㅇㄹ – 임진왜란	100	ㅅㄷ – 소득

▶ 도전! 초등 어휘왕   p. 132~133

1.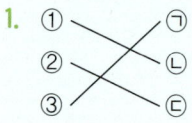

2. ② 의무

3. 진화

4. 작년처럼, 올해도 **풍년**이었으면 하는 바람이다.

6라운드 정답

▶ 초성 퀴즈 대결   p. 136~155

101	ㅇㅇ – 용암	102	ㅅㅅ – 생산
103	ㅇㄹ – 어류	104	ㅇㄹ – 유럽
105	ㅍㄹㅁㄷ – 피라미드	106	ㅈㅈ – 자정
107	ㅎㅁㅈㅇ – 훈민정음	108	ㅍㄱ – 판결
109	ㅎㅅ – 훼손	110	ㄱㅂ – 개발
111	ㅈㄹ – 지름	112	ㄱㅇ – 건의
113	ㅅㅇ – 수입	114	ㅇㅈ – 유전
115	ㅌㅊ – 퇴치	116	ㄱㅅ – 금속
117	ㅁㅎㅇㅅ – 문화유산	118	ㅇㅈ – 이자
119	ㄷㅊ – 단축	120	ㅈㅊ – 지출

▶ 도전! 초등 어휘왕   p. 156~157

1. ① — ㉠
   ② — ㉡
   ③ — ㉢
   (①-㉡, ②-㉠, ③-㉢)

2. ③ 단축

3. 생산

4. 벌레를 없애기 위해 창고에 벌레 **퇴치** 약을 붙여 두었다.

7라운드 정답

초성 퀴즈 대결　　p.160~179

121	ㅁㅎ – 모형	122	ㄷㅎ – 등호
123	ㅁㅈ – 명절	124	ㅈㅈ – 지진
125	ㅂㅇ – 반응	126	ㅈㅂ – 정보
127	ㅎㅎ – 호흡	128	ㅇㄱ – 인공
129	ㅇㄹ – 유래	130	ㄱㅇ – 기와
131	ㅇㄹ – 원료	132	ㅇㄱ – 왕건
133	ㅊㄱ – 충고	134	ㅈㅇ – 자원
135	ㅇㅂ – 우박	136	ㄱㅇ – 경영
137	ㄱㅎ – 공해	138	ㄱㄱ – 글감
139	ㅌㅅ – 텃새	140	ㅂㅈ – 복지

도전! 초등 어휘왕　　p.180~181

1.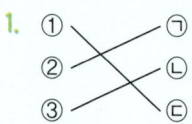

2. ③ 충고

3. 우박

4. 이 빵의 원료는 우리나라에서 생산된 밀이다.

8라운드 정답

▶ 초성 퀴즈 대결   p.184~203

141	ㅎㄱ – 환경	142	ㅂㅅ – 반사
143	ㅅㅁ – 성묘	144	ㅌㅍ – 태풍
145	ㅈㄱㅊ – 지구촌	146	ㅎㅅ – 해설
147	ㅎㅅ – 화석	148	ㅈㅇ – 증인
149	ㅍㅎ – 평행	150	ㅈㅂ – 증발
151	ㄱㅎ – 기후	152	ㅎㅁㄱ – 현미경
153	ㄷㅊ – 대체	154	ㅂㄷㅅ – 부동산
155	ㄱㅌ – 국토	156	ㅂㅎ – 분해
157	ㅁㅇ – 민요	158	ㅇㅅㅈ – 의식주
159	ㄱㄷ – 갈등	160	ㅈㅎ – 재해

▶ 도전! 초등 어휘왕   p.204~205

1.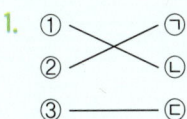
   ① — ㉠
   ② — ㉡
   ③ — ㉢

2. ① 분해

3. 증발

4. 자연재해에 대처하는 방법을 미리 알아둬야 한다.

9라운드 정답

초성 퀴즈 대결   p.208~227

161	ㅇㅎ – 오후	162	ㅅㅎ – 상황
163	ㅅㅅ – 산소	164	ㄷㄹ – 대륙
165	ㅎㅈ – 현장	166	ㄴㅊㅂ – 나침반
167	ㅊㅍ – 출판	168	ㄱㅈ – 경제
169	ㅇㄷ – 온돌	170	ㅊㅈ – 천적
171	ㅇㅅ – 인상	172	ㅅㅂ – 소비
173	ㄱㅈㅅ – 고조선	174	ㅌㅎ – 타협
175	ㅇㅌ – 유통	176	ㅊㅈ – 창조
177	ㅁㅊ – 마찰	178	ㄷㄴ – 단념
179	ㅎㅇ – 화음	180	ㅇㅅㅈ – 원산지

도전! 초등 어휘왕   p.228~229

1.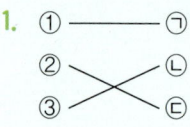

2. ④ 마찰

3. 유통

4. 재민아, **나침반**을 잃어버리면 어떡해!

10라운드 정답

▶ 초성 퀴즈 대결　　　　　　　　　p. 232~251

181	ㅍㅇㄹ – 포유류	182	ㅅㅁ – 신문
183	ㅎㅅ – 홍수	184	ㅅㅎ – 소화
185	ㅊㅊ – 추천	186	ㅁㅈㅋ – 뮤지컬
187	ㄱㅊ – 기체	188	ㅂㅅ – 분석
189	ㅅㄱ – 신경	190	ㅈㅊ – 정치
191	ㅇㄱㅅ – 유관순	192	ㅌㅅ – 토성
193	ㄱㅈ – 구조	194	ㅈㅅ – 작사
195	ㅇㅅ – 온실	196	ㅅㅎ – 신화
197	ㄱㄹ – 궁리	198	ㄴㄱ – 눈금
199	ㅇㄷㅇ – 열대야	200	ㄷㅅㄱ – 다수결

▶ 도전! 초등 어휘왕　　　　　　　　p. 252~253

1.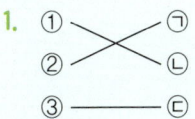

3. 추천

2. ① 작사

4. 며칠 동안 **궁리**해 봤지만, 해결책이 없다.

11라운드 정답

▶ 초성 퀴즈 대결

p. 256~275

201	ㅍㄱ – 풍경	202	ㅇㄹㄹ – 아리랑
203	ㄷㄱ – 대기	204	ㅇㅇㅅㅌㅇ – 아인슈타인
205	ㅅㄱ – 세균	206	ㅈㅎㅇ – 재활용
207	ㅈㅅ – 직선	208	ㅅㅍ – 세포
209	ㅈㅅ – 조선	210	ㅊㅂ – 추방
211	ㅁㅇ – 매연	212	ㅅㅇ – 실용
213	ㅅㅈㄱ – 수증기	214	ㅇㄱ – 외교
215	ㅇㅂ – 예보	216	ㅊㅇ – 천연
217	ㄱㄷ – 고도	218	ㄷㅈ – 독재
219	ㅈㅊ – 절차	220	ㅌㅇ – 토양

▶ 도전! 초등 어휘왕

p. 276~277

1.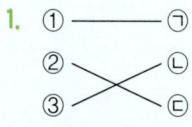

2. ② 예보

3. 세균

4. 물을 주전자에 넣고 끓이자, 금세 **수증기**로 변했다.

12라운드 정답

▶ 초성 퀴즈 대결
p. 280~299

221	ㅈㅎ – 전후	222	ㅇㅅㄹ – 양서류
223	ㄴㅊ – 농촌	224	ㅊㅊ – 추측
225	ㅇㄷㅅ – 에디슨	226	ㅁㅂ – 맥박
227	ㄱㄹ – 경로	228	ㅅㅅ – 수성
229	ㄷ – 댐	230	ㄷㅁ – 동맹
231	ㅇㅇ – 요약	232	ㅂㅈ – 반주
233	ㅍㄱ – 평균	234	ㅂㅈㅅ – 발전소
235	ㅎㄱ – 해고	236	ㅈㅅ – 제사
237	ㅍㄱ – 파견	238	ㄱㅁㅇ – 공무원
239	ㅂㅌ – 박탈	240	ㅌㅅ – 통신

▶ 도전! 초등 어휘왕
p. 300~301

1.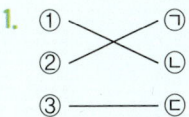

2. ② 추측

3. 해고

4. 할머니 제사를 지내야 해서, 학교 끝나고 곧장 집으로 갔다.

13라운드 정답

초성 퀴즈 대결　　p. 304~323

241	ㅇㄹㅍ – 올림픽	242	ㄱㄱ – 공감
243	ㅅㅊ – 수축	244	ㄱㄹ – 고려
245	ㅁㅈ – 민족	246	ㅊㅁㄷ – 천문대
247	ㅂㄱ – 비교	248	ㄱㅈ – 굴절
249	ㅍㅅ – 판사	250	ㄴㄹ – 논리
251	ㅇㅁ – 유물	252	ㅌㅅ – 탐사
253	ㄱㄱ – 구간	254	ㅋㄹㅂㅅ – 콜럼버스
255	ㄱㄱ – 국경	256	ㄱㅂ – 굴복
257	ㄱㅅ – 광산	258	ㅊㅅ – 철새
259	ㄱㅁ – 근면	260	ㄱㅎ – 국회

도전! 초등 어휘왕　　p. 324~325

1.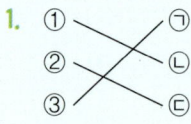

2. ③ 논리적

3. 광산

4. 이번 방학에는 **천문대**에 가서 밤하늘을 관측해 볼 거야.

14라운드 정답

▶ 초성 퀴즈 대결 p.328~347

261	ㅈㄹ – 조류	262	ㅇㄱ – 응급
263	ㅂㅈ – 백제	264	ㅇㅂ – 예방
265	ㅇㄴㅈ – 에너지	266	ㅍㅇ – 파악
267	ㅈㄹ – 장례	268	ㅅㄷ – 습도
269	ㄱㅇㄷ – 고인돌	270	ㅁㅎ – 문학
271	ㅁㅇ – 무역	272	ㅅㅈ – 수직
273	ㅇㅇ – 우애	274	ㅂㅅ – 백신
275	ㅈㄷ – 적도	276	ㅇㅈ – 요점
277	ㅇㄴㅎ – 온난화	278	ㅇㅅㄱ – 이성계
279	ㅇㅅ – 예산	280	ㅂㄱ – 보건

▶ 도전! 초등 어휘왕 p.348~349

1.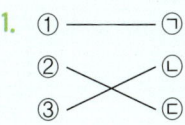

2. ① 예방

3. 고인돌

4. 아이고, 장례식장에 지갑을 놓고 왔네!

15라운드 정답

▶ 초성 퀴즈 대결

p. 352~371

281	ㅇㄱ – 안개	282	ㅂㄹ – 분류
283	ㅇㅅㅅ – 이순신	284	ㅎㅅ – 화산
285	ㅇㅎ – 은행	286	ㅍㅊ – 팽창
287	ㅈㅍ – 재판	288	ㅇㅅ – 위생
289	ㅅㅂ – 신분	290	ㅅㅇ – 성악
291	ㅂㅇ – 법원	292	ㅁㅎ – 무형
293	ㅂㄹ – 부력	294	ㅅㅂ – 소방
295	ㅇㅅ – 연상	296	ㄹㅋ – 링컨
297	ㅌㅈ – 투자	298	ㅂㅇ – 복원
299	ㄱㅈ – 공전	300	ㅅㄷㄱ – 수도권

▶ 도전! 초등 어휘왕

p. 372~373

1. ① – ㄴ, ② – ㄷ, ③ – ㄱ

2. ③ 공전

3. 링컨

4. 오늘 축제에서 무형 문화유산 공연도 즐길 수 있대!

부록

도전! 초등 어휘왕
초성 퀴즈 대결

1라운드 답안지

001	002
003	004
005	006
007	008
009	010
011	012
013	014
015	016
017	018
019	020

✂ 절취선

2라운드 답안지

021		022
023		024
025		026
027		028
029		030
031		032
033		034
035		036
037		038
039		040

절취선

3라운드 답안지

041	042
043	044
045	046
047	048
049	050
051	052
053	054
055	056
057	058
059	060

절취선

4라운드 답안지

061	062
063	064
065	066
067	068
069	070
071	072
073	074
075	076
077	078
079	080

5라운드 답안지

081	082
083	084
085	086
087	088
089	090
091	092
093	094
095	096
097	098
099	100

절취선

6라운드 답안지

101	102
103	104
105	106
107	108
109	110
111	112
113	114
115	116
117	118
119	120

절취선

7라운드 답안지

121	122
123	124
125	126
127	128
129	130
131	132
133	134
135	136
137	138
139	140

8라운드 답안지

141	142
143	144
145	146
147	148
149	150
151	152
153	154
155	156
157	158
159	160

절취선

9라운드 답안지

161		162	
163		164	
165		166	
167		168	
169		170	
171		172	
173		174	
175		176	
177		178	
179		180	

10라운드 답안지

181	182
183	184
185	186
187	188
189	190
191	192
193	194
195	196
197	198
199	200

11라운드 답안지

201		202	
203		204	
205		206	
207		208	
209		210	
211		212	
213		214	
215		216	
217		218	
219		220	

12라운드 답안지

221	222
223	224
225	226
227	228
229	230
231	232
233	234
235	236
237	238
239	240

절취선

13라운드 답안지

241	242
243	244
245	246
247	248
249	250
251	252
253	254
255	256
257	258
259	260

14라운드 답안지

261		262	
263		264	
265		266	
267		268	
269		270	
271		272	
273		274	
275		276	
277		278	
279		280	

절취선

15라운드 답안지

281	282
283	284
285	286
287	288
289	290
291	292
293	294
295	296
297	298
299	300

스스로 성취도 체크

시작 날짜 :
완료 날짜 :

워후!

1라운드	2라운드	3라운드
_____점	_____점	_____점
4라운드	5라운드	6라운드
_____점	_____점	_____점
7라운드	8라운드	9라운드
_____점	_____점	_____점
10라운드	11라운드	12라운드
_____점	_____점	_____점
13라운드	14라운드	15라운드
_____점	_____점	_____점

절취선

★ 각 라운드별 초성 퀴즈 점수를 적어 보아요.
★ 어휘 1개당 5점, 1라운드당 100점 만점으로 계산해요.

스스로 성취도 체크

시작 날짜 :
완료 날짜 :

워후!

1라운드
_____점

2라운드
_____점

3라운드
_____점

4라운드
_____점

5라운드
_____점

6라운드
_____점

7라운드
_____점

8라운드
_____점

9라운드
_____점

10라운드
_____점

11라운드
_____점

12라운드
_____점

13라운드
_____점

14라운드
_____점

15라운드
_____점

절취선

★ 각 라운드별 초성 퀴즈 점수를 적어 보아요.
★ 어휘 1개당 5점, 1라운드당 100점 만점으로 계산해요.

친구와 성취도 체크

시작 날짜 :
완료 날짜 :

1라운드 ✏️
_____점

2라운드 ✏️
_____점

3라운드 ✏️
_____점

4라운드 ✏️
_____점

5라운드 ✏️
_____점

6라운드 ✏️
_____점

7라운드 ✏️
_____점

8라운드 ✏️
_____점

9라운드 ✏️
_____점

10라운드 ✏️
_____점

11라운드 ✏️
_____점

12라운드 ✏️
_____점

13라운드 ✏️
_____점

14라운드 ✏️
_____점

15라운드 ✏️
_____점

절취선

★ 각 라운드별 초성 퀴즈 점수를 적어 보아요.
★ 어휘 1개당 5점, 1라운드당 100점 만점으로 계산해요.

부모님과 성취도 체크

시작 날짜 :
완료 날짜 :

워후!

1라운드
_____ 점

2라운드
_____ 점

3라운드
_____ 점

4라운드
_____ 점

5라운드
_____ 점

6라운드
_____ 점

7라운드
_____ 점

8라운드
_____ 점

9라운드
_____ 점

10라운드
_____ 점

11라운드
_____ 점

12라운드
_____ 점

13라운드
_____ 점

14라운드
_____ 점

15라운드
_____ 점

절취선

★ 각 라운드별 초성 퀴즈 점수를 적어 보아요.
★ 어휘 1개당 5점, 1라운드당 100점 만점으로 계산해요.

초등 어휘왕

이름:

위 어린이는 〈도전! 초등 어휘왕 초성 퀴즈 대결〉을 통해 300개의 어휘를 모두 익혀 활용할 수 있게 되었으므로 이 상장을 수여합니다.

20 년 월 일

영재사랑 교육연구소 전재현 · 호사라 박사

MEMO

시대에듀와 함께 꿈을 키워요!
www.sdedu.co.kr

도전! 초등 어휘왕 초성 퀴즈 대결

초판2쇄 발행	2025년 03월 05일 (인쇄 2025년 01월 21일)
초판1쇄 발행	2024년 08월 12일 (인쇄 2024년 07월 15일)
발 행 인	박영일
책 임 편 집	이해욱
저　　　자	전재현 · 호사라(영재사랑 교육연구소)
편 집 진 행	박시현
표 지 디 자 인	조혜령
편 집 디 자 인	홍영란 · 김휘주
삽　　　화	기도연
발 행 처	시대인
공 급 처	(주)시대고시기획
출 판 등 록	제 10-1521호
주　　　소	서울시 마포구 큰우물로 75 [도화동 538 성지 B/D] 9F
전　　　화	1600-3600
팩　　　스	02-701-8823
홈 페 이 지	www.sdedu.co.kr
I S B N	979-11-383-7103-2 (73700)
정　　　가	18,000원

※ 이 책은 저작권법의 보호를 받는 저작물이므로 동영상 제작 및 무단전재와 배포를 금합니다.
※ 이 책의 전부 또는 일부 내용을 이용하려면 반드시 저작권자와 (주)시대고시기획 · 시대인의 동의를 받아야 합니다.
※ 잘못된 책은 구입하신 서점에서 바꾸어 드립니다.

"시대인"은 종합교육그룹 '(주)시대고시기획 · 시대교육'의 단행본 브랜드입니다.